ShellScript

シェルスクリプト

「レシピ」ブック

awk	find	sed
bash	grep	shuf
case	gzip	sort
cat	if	source
convert	ls	tar
curl	PWD	uniq
df	read	until
diff	rm	wget
du	rsync	while
echo	scp	xargs

はじめに

　「シェル・スクリプト」は、実行するだけで自動でファイルの操作やWebアクセスなどの処理ができる優れものです。

　最近では、「Windows 10」で「bashシェル」が使えるようになるなど、その重要性は大きくなっています。

＊

　しかし、一方で、「シェル・スクリプト」を一般人が実生活の中で使うには、ハードルが高いのも事実です。

　また、「シェル・スクリプト」を勉強しようにも、市販されている参考書は、「システム開発者」向けに書かれていて、具体的な事例に乏しいものがほとんどです。

　そのため、どのように活用するかを調べるのは難しいでしょう。

＊

　そこで、本書では、数ある「シェル・スクリプト」のうち、「bashシェル」に焦点をあて、「ユーザー目線」に立って、よく使われるであろう「シェル・スクリプト」の活用事例を多数紹介し、解説しています。

　本書を通して、「シェル・スクリプト」の便利さを知り、さまざまな場面で活用していただければ幸いです。

東京シェル研究会

シェルスクリプト「レシピ」ブック

CONTENTS

はじめに ……………………………………………………………………………… 3
「サンプル・スクリプト」のダウンロード ……………………………………… 6

第1章　「シェル・スクリプト」の導入

- [1-1]　「シェル」と「シェル・スクリプト」……………………………………… 8
- [1-2]　「Windows 10」での利用方法 …………………………………………… 10
- [1-3]　「サンプル・スクリプト」の使い方 ……………………………………… 14

第2章　基本処理

- [1]　ファイルの存在をチェック 「繰り返し処理」を使う ……………………… 18
- [2]　繰り返し処理① 条件を変えながら、同じ処理を行なう …………………… 22
- [3]　繰り返し処理② 「until文」による繰り返し処理 …………………………… 25
- [4]　入力値を「外部ファイル」から取得 「ベース・スクリプト」で効率的に … 27
- [5]　対象検索① 「時間」による検索 ……………………………………………… 30
- [6]　対象検索② 「ファイル内容」による検索 …………………………………… 33
- [7]　重複の排除 同じ項目を削除 …………………………………………………… 35
- [8]　圧縮処理 ファイルのサイズを小さく ………………………………………… 38
- [9]　転送処理 セキュアな転送機能 ………………………………………………… 42
- [10]　同期 ディレクトリ間で同期処理を行なう ………………………………… 45
- [11]　データ処理① 欲しいデータだけを抜き出す ……………………………… 48
- [12]　データ処理② 「動作」を実現するコマンド ……………………………… 50
- [13]　一時停止処理 予期せぬ作業を中断させる ………………………………… 53
- [14]　外部ファイル読み込み 「変数」を外部ファイルにもたせる …………… 56
- [15]　自分がいる場所を確保 スクリプト実行後に戻ってくる場所を固定する … 59

第3章　ファイル操作

- [16]　名前に「全角数字」が入っているファイルを探す 「文字化け」を防ぐ … 62
- [17]　毎日同じ時間に、ファイルをバックアップ ファイル名をチェック …… 65
- [18]　複数のファイルに同じ文字をつける ファイルを検索しやすくする …… 69
- [19]　「名前」と「サイズ」が同じファイルを探す 「正規表現」による検索 … 72
- [20]　100個のディレクトリを1つずつ圧縮 ディスク容量を効率良く使う … 75
- [21]　ファイル(ディレクトリ)の削除で警告を出す 「外部ファイル」による管理 … 78

4

CONTENTS

[22]	**ディスク容量が一定以下になったら警告する**	ディスク容量を定期的に監視	81
[23]	**ファイルサイズが大きいものを一覧で出力**	設定サイズを超えるファイルを探す	84
[24]	**未使用のディレクトリやファイルを見つける**	不要なファイルを削除	87

第4章　Web操作

[25]	**Webサイトの画像を、すべて保存する**	表示データをそのまま保存	92
[26]	**「天気予報」を毎日同じ時間にチェック**	「RSS配信」でデータを取得	96
[27]	**サイトの更新状況を確認**	「RSS配信」を使わずに更新状況を確認	99
[28]	**「ユーザーエージェント情報」を書き換える**	「スマホ向けのサイト」にアクセス	102

第5章　画像ファイルの加工

[29]	**画像ファイルの「Exif情報」を削除**	写真データを安全に使う	108
[30]	**画像ファイルをまとめてリサイズ**	複数の画像を、一律の倍率でリサイズ	111
[31]	**1枚の画像から、複数の画像を作る**	画面の大きさに合わせた調整	115
[32]	**「更新日順」に、ファイル名を付け直す**	「識別子」の利用	118
[33]	**「カラー画像」を「モノクロ」(白黒)に変換**	写真を「モノクロ」に加工	121
[34]	**横長の「パノラマ写真」を分割**	1枚の画像を、指定サイズで分割	124
[35]	**画像ファイルのサイズを調整**	指定値から、リサイズの比率を決める	127
[36]	**「更新日」ごとにディレクトリを作って整理**	データを別の場所にコピー	130

第6章　その他

[37]	**番号を自動で予想**	「乱数」を使って、適当な値を得る	134
[38]	**10人の中からリーダーを1人選ぶ**	値を1つだけ抜き出す	136
[39]	**暴走しているプログラムがあるか調べる**	「CPU」「メモリ」の利用状況を監視	139

索引 142

「サンプル・スクリプト」のダウンロード

　本書の「サンプル・スクリプト」は、＜工学社ホームページ＞の「サポート」コーナーからダウンロードできます。

＜工学社ホームページ＞

http://www.kohgakusha.co.jp/support.html

ダウンロードしたファイルを解凍するには、下記のパスワードを入力してください。

2grRPRJ5aqwM

すべて「半角」で、「大文字」「小文字」を間違えないように入力してください。

●各製品名は、一般的に各社の登録商標または商標ですが、®およびTMは省略しています。

「シェル・スクリプト」の導入

まずは「シェル・スクリプト」を使い始めるために必要な操作や知識を整理します。
「Windows 10」でシェルを使うための準備についても紹介しているので、手順にしたがって「bash」を使えるようにしましょう。

第1章 「シェル・スクリプト」の導入

1-1 「シェル」と「シェル・スクリプト」

■「シェル」の役割

「**シェル**」とは、「オペレーティング・システム」(OS)※と対話するためのインターフェイスです。

そして、「OS」のコア部分を「**カーネル**」と呼びます。

※パソコンを制御しているWindowsなどのソフト。

この「カーネル」は、人間が使う言語を直接理解することはできません。

そのため、「**コマンド**」と呼ばれる命令文を、「シェル」を介して送信する必要があります。

「シェル」は、「コマンド」をOSが理解できる「機械語」にして、命令内容を「カーネル」に伝達します。

そして、その実行結果は「シェル」に返り、我々に分かる言語で表示されます。

つまり、「シェル」は、「人間の言語」と「機械語」の翻訳を担ってくれる「仲立ち役」なのです。

*

「シェル」は先にも述べた通り、「OSと対話する」目的があるため、通常は「**対話モード**」で使いますが、データをひとまとめにして一括処理できる「**バッチ・モード**」で使うこともあります。

「バッチ・モード」では、「制御構文」や「条件文」「変数」といった、プログラム的な要素を利用できるのが特徴です。

この要素と「コマンド」を組み合わせ、「シェル」に読み込ませて実行するファイルのことを、「**シェル・スクリプト**」と言います。

■「シェル・スクリプト」の利用シーン

「シェル・スクリプト」の特性を知っていれば、自ずと利用シーンも判断できます。

[1-1] 「シェル」と「シェル・スクリプト」

*

「シェル・スクリプト」は、基本的に記載されているコマンドを上から順番に実施していきます。

そのため、たとえばパターン化されたルーチン作業などは、「シェル・スクリプト」を利用すると手数が減って楽になります。

「シェル・スクリプト」以外のプログラムでも、同じような結果を求めることは可能ですが、「シェル・スクリプト」では数行のプログラムですむものが、他のプログラムでは数百行に及ぶことも珍しくありません。

基本的には、"単に手数を減らしたい場合"は「シェル・スクリプト」を使い、"柔軟性が求められる処理"に関しては、その他のプログラム言語を使うといいでしょう。

■「シェル」の種類

シェルにはさまざまな種類があり、機能や使えるコマンドに差異があります。

最初に誕生したシェルには、「Bourne Shell」(ボーン・シェル)や「csh」(Cシェル)などがあり、現在もLinuxやMacなどに標準的に搭載されていることが多いです。

また、上記のシェルを機能拡張し、より使いやすくしたシェルとして、「tcsh」や「zsh」が存在します。

*

今回は「Bourne shell」を拡張した「bash」(Bourne Again shell、バッシュ)をベースに紹介しています。

「bash」は、「Bourne shell」を元に機能拡張したシェルで、Linux系のOSでは標準シェルとして採用されていることから、世の中に広まっています。

自由に使えるソフトとして配布されており、過去にどのようなコマンドを実行したかを記録する「コマンド履歴」や、コマンドを途中まで入力してTabキーを押すと残りを補完してくれる「コマンドの自動補完」といった、多くの機能を実装しています。

9

第1章 「シェル・スクリプト」の導入

1-2 「Windows 10」での利用方法

■「Windows Subsystem for Linux(Beta)」の使い方

「Windows 10」でも、「Linux」と同じように「bash」スクリプトを使うことができます。

以下の手順で、「bash」スクリプトを使えるようにしてみましょう。

①機能の有効化

[1]「スタートボタン」を右クリックして、「プログラムと機能」を選択。

スタートボタンの右クリックメニュー

[2]「プログラムと機能」画面が表示されたら、左側にある「Windowsの機能の有効化または無効化」をクリック。

Windowsの機能の有効化または無効化

[1-2] 「Windows 10」での利用方法

[3]「Windows Subsystem for Linux(Beta)」にチェックを入れるとインストールが開始される。

「Windows Subsystem for Linux(Beta)」にチェック

[4] インストールが終わったら、PCを再起動。

「インストール」→「PCを再起動」

第1章 「シェル・スクリプト」の導入

②「開発者モード」の有効化

[1] 再起動後、スタートメニューから「設定」→「更新とセキュリティ」を選択。

設定画面から「更新とセキュリティ」を選択

[2] 左側のメニューから「開発者向け」を選択して、「開発者モード」にチェックを入れる。

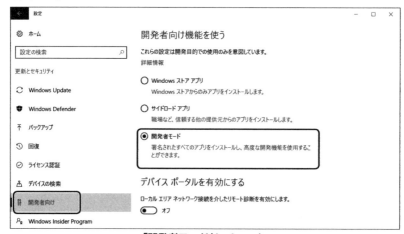

「開発者モード」にチェック

[3] 注意書が出るので、「はい」をクリック。

「開発者モード」をオンにする

③「bash」のインストール

[1] ②の作業が終わったら、「コマンド・プロンプト」を起動し、「bash」と入力。

[2]「注意書き」が表示されるので、「y」を入力して次へ進むと、「Ubuntu」のインストールが開始される。

「bash」コマンドを入力後、「y」でインストールを開始

[3] インストールが完了すると、「ユーザーの作成」に移る。
　任意の「ユーザー名」を入力してEnterキーを押し、続けて「パスワード」を入力。
　このとき、セキュリティ上の都合で画面には何も表示されないが、入力は行なわれているので、注意が必要。

[4]「パスワード」を入力してEnterキーを押すと、確認のためにもう一度入力を求められるので、同じパスワードを入力。

確認のパスワードを間違えると、最初から「パスワード」を設定し直すことになるので、注意

第1章　「シェル・スクリプト」の導入

これで、準備は完了です。

後は、「コマンド・プロンプト」から「bash」と入力すれば、いつでもスクリプトが利用できるようになります。

1-3 「サンプル・スクリプト」の使い方

本書で解説している、「サンプル・スクリプト」の使い方について説明します。

なお、以下の手順は、スクリプト置き場となる「shells」フォルダを「Cドライブ」の直下に作った場合の例です。

フォルダの名前、作る場所によって、「cd」コマンドの命令なども変わるので、必要に応じて変えるようにしてください。

①通常のスクリプト(画像系以外)の使い方

[1] スクリプト置き場となる「shells」フォルダを「Cドライブ」の直下に作り、利用する「サンプル・スクリプト」を入れておく。

[2]「コマンド・プロンプト」を起動し、「bash」と入力して Enter キーを押す。

```
C:¥Users>
C:¥Users>
C:¥Users>
C:¥Users>bash
```

「bash」コマンドを入力

[3]「cd /mnt/c/shells」と入力。

```
jigzacc@JIGZACC:/mnt/c/Users$
jigzacc@JIGZACC:/mnt/c/Users$
jigzacc@JIGZACC:/mnt/c/Users$ cd /mnt/c/shells
```

フォルダを置いた場所を指定

14

[4]「./実行したいスクリプト名」で実行する。

　次の図は、「[base01]check_exist.sh」というスクリプトを実行した場合の例。

```
jigzacc@JIGZACC:/mnt/c/shells$
jigzacc@JIGZACC:/mnt/c/shells$ ./[base01]check_exist.sh
test is not exist
jigzacc@JIGZACC:/mnt/c/shells$
```

スクリプトの実行

②「画像系スクリプト」の使い方

　第5章の「画像系スクリプト」を実行する場合は、「imagemagick」というパッケージのインストールが必要になります。

　以下の手順で、インストールしてください。

[1]「コマンド・プロンプト」で「bash」コマンドを入力した状態から、「sudo apt-get install imagemagick」と入力して、Enter キーを押す。

[2]パスワードが聞かれるので、初期設定時に設定したパスワードを入力して、Enter キーを押す。

[3]消費するディスク容量を確認するメッセージが表示されるので、「y」を入力して Enter キーを押すと、インストールが開始される。

```
libfftw3-double3 libfontconfig1 libgdk-pixbuf2.0-0 libgdk-pixbuf2.0-common
libgomp1 libgraphite2-3 libgs9 libgs9-common libharfbuzz0b libijs-0.35
libilmbase6 libjasper1 libjbig0 libjbig2dec0 libjpeg-turbo8 libjpeg8
liblcms2-2 liblqr-1-0 libltdl7 libmagickcore5 libmagickcore5-extra
libmagickwand5 libnetpbm10 libopenexr6 libpango-1.0-0 libpangocairo-1.0-0
libpangoft2-1.0-0 libpaper-utils libpaper1 libpixman-1-0 librsvg2-2
librsvg2-common libthai-data libthai0 libtiff5 libwmf0.2-7 libxcb-render0
libxcb-shm0 libxrender1 netpbm poppler-data
アップグレード: 0 個、新規インストール: 60 個、削除: 0 個、保留: 33 個。
18.1 MB のアーカイブを取得する必要があります。
この操作後に追加で 69.0 MB のディスク容量が消費されます。
続行しますか? Y /n]
```

消費するディスク容量の確認メッセージ

第1章　「シェル・スクリプト」の導入

[4] 通常の画面に戻ったらインストールは完了。

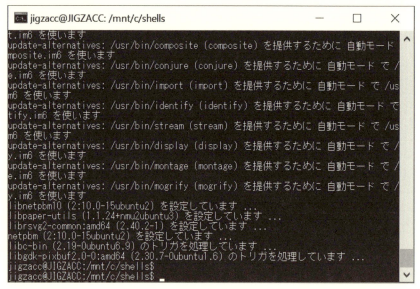

インストールの終了

　詳しい実行方法については、各章の内容を参考にしてください。

＊

　なお、スクリプトは「メモ帳」などの「テキストエディタ」を使って、直接開いたり、作ったりすることもできます。
　自分で作って保存する場合は、「ファイルの種類」を「すべてのファイル」にして、「ファイル名」の最後に拡張子「.sh」を付けて保存してください。

基本処理

実用的に使える「シェル」を学ぶ前に、シェルを組むために必要な基本知識を身につけましょう。
この章で紹介する「基本処理」は、以降の章でもよく使うものばかり。
暗記する必要はありませんが、読み返したときに、すぐに使い方を思い出せるようにしておきましょう。

第2章 基本処理

ファイルの存在をチェック

「繰り返し処理」を使う

> **if文** 指定した条件を満たす場合に、特定の処理をする書式。

スクリプトには、必ず「**動作条件**」があります。
難しく聞こえるかもしれませんが、これはスクリプトが動くために、あらかじめ満たしておくべき条件のことを言います。

＊

スクリプトを一度でも作ったことがあれば、「なんだそんなことか」と思うかもしれません。

たとえば、「A」という名前のファイルを「B」という名前のファイルに名前を変更するシーンを想像してみてください。
とても簡単な動作に思えますが、この動作の根本には、「Aという名前のファイル」が存在している必要があるのです。

当然、スクリプトに頼らないときは、「Aという名前のファイル」が存在しないので「名前」を変更しようとも思いません。
しかし、スクリプトを作る際には、「Aという名前のファイル」が存在していることが前提になります。
(実際に動かしてみたときにはじめて、「Aという名前のファイル」が存在していないことに気が付きます)。

＊

ここで紹介しているのは、単純な「存在確認」のスクリプトですが、動作条件の確認は、意外と大切なものです。
多くのスクリプトを作っていると、ついついそのスクリプトの動作にだけ目が行ってしまいます。

スクリプトを作る際には、動作以外にもこういった確認の部分まで気にしておくと、いいスクリプトを組めるようになるでしょう。

18

[1] ファイルの存在をチェック

【リスト2-1】base01.sh

```
#!/bin/bash

# =====================================================
# 対象の存在チェック
# =====================================================

if [ -e ./work/test ]; then
    echo "test is exist"
else
    echo "test is not exist"
fi

exit
```

●スクリプト解説

　単純な「if文」のみのスクリプトで、ファイルが存在しているかを確認します。

　ここで取り上げている条件分岐の「if文」は、スクリプトを組むときに、必ずと言っていいほど使うことになります。

＊

　「if文」には、次のように、いくつかの書き方があります。

①基本的な「if文」

```
if [条件式]; then
    処理
fi
```

　「条件式」を満たすときは「処理」を行ない、それ以外では「処理」を行なわずに次に進みます。

②「else」を加えた書き方

```
if [条件式]; then
    処理1
else
    処理2
fi
```

第2章　基本処理

「条件式」を満たすときは「処理1」を行ない、それ以外の場合は「処理2」を行ないます。

③「elif」を加えた書き方

```
if [条件式1]; then
    処理1
elif [条件式2]; then
    処理2
else
    処理3
fi
```

「条件式1」を満たすときは「処理1」を行ない、それ以外の場合は「条件式2」を満たすかを判定します。

「条件式2」を満たしていれば「処理2」を行ない、それ以外の場合は「処理3」を行ないます。

「elif」を増やしていけば、さらに「条件式」と「処理」を追加できます。

＊

今回は単純に、下の階層の「work」ディレクトリ（フォルダ）に「test」が存在するかどうかを判断させています。

＊

「条件式」に書いてある「-e」は、「存在確認を行なう」ことを意味します。

存在している場合（正の場合）は「test is exist」を表示し、存在していない場合（偽の場合）は「test is not exist」を表示するようにしています。

「echo」の中身を書き換えて、動作を試してみましょう。

20

[1] ファイルの存在をチェック

＝＝＝＝＝＝＝＝＝＝＝ 実行例 ＝＝＝＝＝＝＝＝＝＝＝

あらかじめ、「work」ディレクトリに、「test」というファイルを置いておき、スクリプトを実行してください。

「test」が存在しているので、「test is exist」と表示されます。

```
$ ./base01.sh
test is exist
```

＊

次に、「rm」コマンドで「test」ファイルを消去してください。

```
$ rm ./work/test
```

その後、改めてスクリプトを実行すると、ファイルが存在していないため、「test is not exist」と表示されます。

```
$ ./base01.sh
test is not exist
```

第2章 基本処理

繰り返し処理①

2

条件を変えながら、同じ処理を行なう

while文	指定した条件を満たす場合に、特定の処理を繰り返し行なわせる書式。

　同じような処理を「複数の条件下」で実施したいときには、「**繰り返し処理**」を利用します。

*

　たとえば、「1」から「10」までを順番に数える処理があるとします。
　「繰り返しの処理」を利用しない場合は、「echo」コマンドを使って、

> 「1」を表示
> 「2」を表示
> 　　⋮
> 「10」を表示

と、10行程度のスクリプトですみます。
　しかし、「10000」まで数える場合は、10000行に増えてしまうため、スクリプトを組むのも大変です。

　これをスクリプトにするときは、

> 「1」から順番に「10000」まで数字を足していき、その結果を繰り返し表示する

というように、スクリプトを組みます。これが「繰り返し処理」の考え方です。

*

　スクリプトの例を見てみましょう。

　「繰り返し処理」にはいくつかのパターンがあり、特徴によって「使うタイミング」や「書き方」の注意があります。

[2] 繰り返し処理①

　特徴をしっかり把握することは大切ですが、いくつかのパターンの中から
自分が使いやすいものを優先して使ってみると、「繰り返し処理」もスムーズ
に覚えることができます。

【リスト2-2】base02.sh

```
#!/bin/bash

# ================================================
# 繰り返し処理①
# ================================================

#!/bin/sh
a=0
while [ $a -ne 10 ]
do
    a=`expr $a + 1`
    echo "count ${a} "
done
```

●スクリプト解説

　ここでは、いくつかある繰り返し処理のうち、「**while文**」を使っています。
　「while文」は実施回数が決まっていない「繰り返し処理」を実施するときに
利用します。

```
while [条件式]
do
     処理
done
```

　「while」の後に続く、[ ]内に記述した「条件式」が成立する場合に、「処理」
を繰り返して継続します。

　例では、「条件式」として変数「a」が「10」と一致しない(ne)状態であれば、
「処理」を継続するようにしています。
*
　「処理」の部分について、「**expr**」は「整数計算」を行なうコマンドで、変数「a」
に1を加える処理を行なっています。
　その後、「count」とともに、計算後の「a」の値を画面に表示します。

23

第2章 基本処理

変数「a」が「10」になった時点で、「while」の条件式が成立しなくなるので、「繰り返し処理」は終了します。

―――――――――――― 実行例 ――――――――――――

スクリプトを実行すると、「a」が「1」～「10」の間、処理が繰り返される様子が分かります。

```
$ ./base02.sh
count 1
count 2
count 3
count 4
count 5
count 6
count 7
count 8
count 9
count 10
```

[3] 繰り返し処理②

3 繰り返し処理②

「until文」による繰り返し処理

基本処理

until文	指定した条件を満たさない場合に、特定の処理を繰り返す書式。

前節に続いて、「繰り返し処理」のコマンドについて見てみましょう。

*

ここでは、「until文」を紹介します。

「while」は、「条件を満たす間」は繰り返し処理が継続するのに対して、「until」は「条件が満たされるまで」、繰り返し処理を継続します。

実行内容は両方とも同じですが、「条件式」の書き方に大きな違いがあります。

```
until ［条件式］
do
      処理
done
```

「繰り返し処理」を書く上では、どちらを選択しても問題ありません。

自分が使いやすいほうを選ぶといいでしょう。

*

なお、実務では「while」を利用するケースが多いのですが、「何かしらの処理が確実に実行されるまで継続する」ような役目をもつスクリプトでは、「until」を見かけることがあります。

そのため、「そのスクリプト本体で何かを実施している」という場合は「while」を使い、「何かしらの別処理スクリプトを起動させるようなスクリプト」の場合は「until」を使うといいでしょう。

25

第2章 基本処理

【リスト2-3】base03.sh

```
#!/bin/bash

# ======================================================
# 繰り返し処理②
# ======================================================

#!/bin/sh
a=0
until [ $a -eq 10 ]
do
    a=`expr $a + 1`
    echo "count ${a} "
done
```

●スクリプト解説

　書き方は、基本的には「while文」と同じですが、「条件式」の書き方が、「while文」と逆になることに気をつけてください。

　「ある値になったら処理をやめる」といった明確な目的がある場合は、「until」のほうが分かりやすいです。

　ここでは、

変数「a」が「10」になったら(eq)、「do～done」内に書かれている処理を抜ける

となっていることを理解しましょう。

実行例

　スクリプトを実行してみましょう。

　実行結果は、「while文」のときと変わらない結果になるはずです。

```
$ ./base03.sh
count 1
count 2
count 3
count 4
count 5
count 6
count 7
count 8
count 9
count 10
```

入力値を「外部ファイル」から取得
「ベース・スクリプト」で効率的に

ベース・スクリプト	処理の部分は通常のスクリプトと同じだが、変数の値を「外部ファイル」から取得するようにしたもの。
外部ファイル	ある「ベース・スクリプト」で使うための、変数などの値だけを書いたもの。

　同じような処理のスクリプトを作る際に、毎回ゼロから組むのは、効率的ではありません。

　このような場合、よく利用する処理の「**ベース・スクリプト**」を作っておき、変動する部分を「**外部ファイル**」で補う方法をお勧めします。

＊

　たとえば、いくつかのファイルを手動で移動する場合を考えてみましょう。

　「移動する」という操作はいつもと同じで、「移動場所」も同じです。
　毎回異なるのは、「移動する対象のファイル名」になります。
　「移動する対象のファイル」が50個あるとすれば、手動だと50回同じ動作を行ない、スクリプトだと50行以上のスクリプトを作ることになります。

　どちらの方法も手間ですし、あまり生産的とは言えません。
　なぜなら、作ったスクリプトは、そのときしか使えないからです。

　ここで役に立つのが、「**外部入力**」を利用した方法です。

＊

　次ページの**リスト2-4**は、利用方法が分かりやすいよう、シンプルな構成のスクリプトにしています。

　あまりメリットを実感できないかもしれませんが、自分流のアレンジが加えやすいので、あれこれ試してみてください。

第2章　基本処理

【リスト2-4】base04.sh

```
#!/bin/bash

# =================================================
# 外部入力
# =================================================

list=`cat ./work/out_file.txt`

for i in $list; do
    echo "count ${i} "
done
```

●スクリプト解説

　リスト2-4は「外部ファイル」に入力してある文字を、「count [文字列]」で表示させる処理です。

　外部ファイル名は「out_file.txt」として「work」ディレクトリに置いてあることにしています。

＊

　変数「list」では、外部ファイルを開くことで、順次、このファイルに記載された内容を取り出していきます。

＊

　その後、「for文」を使って変数「i」に1つずつ代入し、「echo」コマンドで表示します。

　「for文」の書き方は、次のようになります。

```
for 変数 in [引数1 引数2 …]
do
    処理
done
```

　「for文」では、変数に「引数」(後述)の値を順に与えていき、それぞれについて処理を行ないます。

　処理を行なう際に、特定の条件が決まっている場合は、「for文」を使うと便利でしょう。

[4] 入力値を「外部ファイル」から取得

「echo」コマンド部分に行ないたい処理内容を記載し、処理対象を「out_file.txt」に記載すれば、他の用途でも使えます。

■実行例■

まず、「work」ディレクトリに置いてある外部ファイル、「out_file.txt」の内容を確認してみましょう。

「cat」コマンドで、ファイルの中身を表示すると、「1」～「4」が記入されています。

```
$ cat ./work/out_file.txt
1
2
3
4
```

＊

次に、「ベース・スクリプト」となるリスト2-4を実行してみましょう。

「out_file.txt」の内容が読み込まれ、「count [文字列]」の形で表示されます。

```
$ ./base04.sh
count 1
count 2
count 3
count 4
```

第2章 基本処理

5 対象検索①
「時間」による検索

find 「ファイル名」「更新時間」などの任意の条件で、ファイルを検索するためのコマンド。

コンピュータを使った作業を行なう以上は、どのような環境下でも「**検索機能**」は必須だと言えます。

OSについている「ファイルを探す」機能はもちろん、Webサイトでも、いまや「検索ボックス」がないサイトを探すほうが難しくなってきています。

当然ながら、スクリプトでもよく利用されている機能のひとつと言っても過言ではないでしょう。

スクリプトを一度でも組んだ経験があれば、「検索機能」を使ったことがある方は多いと思います。

*

この検索機能を提供するコマンドの代表格として、「find」というコマンドが存在します。

文字通り、「ファイルなどを見つける」ためのコマンドです。

しかし、この「find」コマンド、いざ使おうとすると、ついつい「オプション」を忘れがちです。

特に紛らわしいのは、「時間軸」をベースに検索する機能です。

*

ポイントは、どの時間を基準に、検索を実施するかということです。

「アクセス時間」は、そのファイルが使われているかの判断に利用できます。

「更新時間」は、文字通り更新確認の際に利用されることが多いです。

また、「作成時間」であれば、「あのとき作ったはずなんだけどな〜」という

[5] 対象検索①

基本処理

ような、ファイル名などを完全に忘れてしまった場合に使います。

ぜひ、覚えてください。

【リスト2-5】base05.sh

```bash
#!/bin/bash

# ===============================================
# 対象検索①
# ===============================================


# -----------------------------------------------
# 基本検索形態
# -----------------------------------------------
echo "「.sh」で終わるファイルは"
find ./ -name "*.sh"


# -----------------------------------------------
# アクセス時間をベースに検索（最終アクセスがn日前）
# -----------------------------------------------
echo "7日以上前にアクセスされたファイルは"
find ./ -atime +7


# -----------------------------------------------
# 修正時間をベースに検索（最終更新がn日前）
# -----------------------------------------------
echo "7日以上前に更新されたファイルは"
find ./ -mtime +7


# -----------------------------------------------
# 作成時間をベースに検索（作成日がn日前）
# -----------------------------------------------
echo "7日以上前に作成されたファイルは"
find ./ -ctime +7

exit
```

●スクリプト解説

今回は「find」コマンドの解説なので、このスクリプトが置かれた場所から、検索をスタートします。

*

スクリプトが置かれた場所を「**カレント・ディレクトリ**」と言い、「./」で表

31

第2章 基本処理

現しています。

　「時間軸」をベースにしている部分に関しては、ファイルとディレクトリ（ディレクトリ）の判別はしていませんが、「名前」ベースで検索をしているものに関しては「.sh」で終わるものしかヒットしないようにしてあります。

　「時間軸」の検索では、「作成時間」と「修正時間」を混同しがちなので、気をつけて使ってください。

────────── 実行例 ──────────

　スクリプトを実行すると、まずスクリプトと同じ階層にある「.sh」のファイルを表示します。

```
$ ./ base05.sh
「.sh」で終わるファイルは
./work/Sample.sh
./base01.sh
./base02.sh
./base03.sh
```

＊

　その後に続けて、7日以上前に「アクセス」「更新」「作成」されたファイルが表示されます。
　該当するものがない場合は、なにも表示されません。

```
7日以上前にアクセスされたファイルは
./work/Sample.sh
7日以上前に更新されたファイルは
./base02.sh
7日以上前に作成されたファイルは
```

[6] 対象検索②

6 対象検索②

「ファイル内容」による検索

基本処理

| grep | 「正規表現」を使って、ファイルや入力内容などを検索するためのコマンド。 |

　「検索機能」が使えるコマンドは、前項で解説した「find」だけではありません。

　たとえば、「ファイルの中に記載されている文言」で検索を実施したい場合は、「grep」というコマンドが重宝します。

　この機能ですが、そのままの名称で、一部の「テキスト・エディタ」にも実装されているので、知っている方もいるのではないでしょうか。

　ここでは、基本機能を知ってもらうために、かなりシンプルな構成の例を挙げてみました。

＊

　「grep」は、いままでのスクリプトと異なる部分がひとつあります。
　それは、「変数の引き渡し方」です。

　この「引き渡し方」は、スクリプトではよく使われるものですが、先に紹介した外部ファイルからの引き渡しとは異なるので、覚えておく必要があります。

【リスト2-6】base06.sh

```
#!/bin/bash

# =================================================
# 対象検索②
# =================================================


# -------------------------------------------------
# 基本検索形態
# -------------------------------------------------
```

33

第2章　基本処理

```
keyword=$1
grep -r $keyword ./*

exit
```

●スクリプト解説

　このスクリプトが置かれた場所で、「指定のキーワード」を探します。

＊

　いままでと異なり、実行の際には、

```
base06.sh [キーワード]
```

と入力します。

　この[キーワード]の部分を「**引数**」(ひきすう)と呼びます。

　この「引数」は、実行時にスクリプトに引き渡され、「$1」という変数に格納
されます。

＊

　ここでは使っていませんが、「引数」が複数あった場合、1つ目の引数が「$1」、
2つ目の変数が「$2」…といった形で、順に格納されていきます。

　ただし、あまり「引数」が多いスクリプトは好まれません。

　後から見返したときに、どの変数に入れているのか分からなくなってしま
うためです。

　基本的には、「引数」は1つまでにしておくといいでしょう。

────────────　実行例　────────────

　スクリプトを実行する際のキーワードを、「This」とします。

　これで、内容に「This」が含まれるファイルが表示されます。

```
$ ./base06.sh This
./work/includ_file:includ_key="This is Sample"
```

重複の排除

同じ項目を削除

｜（パイプ）	複数のコマンドをつなぎ合わせる記号。
uniq	「連続する重複」を排除するコマンド。
sort	ファイル内容を「辞書順」や「数値順」で並べ替えるコマンド。

　「**重複の排除**」とは、テキスト形式で出力した一覧に対して、重複している項目を削除するという機能です。
　表計算ソフトの「Excel」にも、同じような機能があります。
＊
　ここでは、「1フィールド」(1つの項目)のみが列挙されたファイルを対象に、スクリプトを紹介しています。
　複数の「フィールド」にまたがった場合は、もう少し細かくやっていかなければなりません。
＊
　以下のスクリプトでは、複数のコマンドをつなぎ合わせて、「重複の排除」を行なっていきます。

　この「つなぎ合わせる」ために使っている「｜」は、「**パイプ**」と読みます。また、「~」は「**チルダ**」と読みます。
　特に、仕事で使う場合は、正しい読み方を覚えておきましょう。

【リスト2-7】base07.sh

```
#!/bin/bash

# ==================================================
# 重複の排除
# ==================================================

# --------------------------------------------------
```

第2章　基本処理

```
# 基本検索形態
# ----------------------------------------------------
echo"重複排除"
target=$1
cat $1 | sort | uniq

# ----------------------------------------------------
# 大文字と小文字の区別なし
# ----------------------------------------------------
echo"重複排除（大文字小文字区別なし）"
target=$1
cat $1 | sort -f | uniq -i

exit
```

●スクリプト解説

前節に続いて、今回も「引数」を使っています。

そのため、スクリプトの実行命令は、

base07.sh　重複を排除したいファイル

となります。

なお、元ファイルはそのままの形であり、実行時に「重複を排除した内容」が表示されることになります。

基本的に重複を排除するには「uniq」コマンドを使いますが、この「uniq」コマンドは「連続する重複を排除」するコマンドとなります。

そのため、一回「sort」で順番を入れ替える必要があります。

＊

このスクリプトでは、「大文字」と「小文字」の判別ができるので、必要に応じて使い分けてみてください。

36

[7] 重複の排除

実行例

以下のような内容の「Sample.txt」を用意します。

```
saito
suzuki
kobayashi
sasaki
yokoyama
sato
SASAKI
goto
SATO
```

＊

　スクリプトを実行すると、「sort」で辞書順に並べ替えた上で、大文字と小文字を区別しながら、重複排除を行ないます。

```
$ ./base07.sh ./work/Sample.txt
重複排除
SASAKI
SATO
goto
kobayashi
saito
sasaki
sato
suzuki
yokoyama
```

＊

　その後、こんどは大文字と小文字を区別せずに、重複排除を行ないます。先ほどの重複排除との違いを、確認してください。

```
重複排除（大文字小文字区別なし）
goto
kobayashi
saito
SASAKI
SATO
suzuki
yokoyama
```

第**2**章　基本処理

8 圧縮処理

ファイルのサイズを小さく

gzip	ファイルを圧縮するコマンド(拡張子は「.gz」)。
tar	ファイルを「アーカイブ化」するコマンド。

　ファイルのサイズをできるだけ小さくするための「**圧縮処理**」は、さまざまな状況で必要になるものです。

　この「圧縮処理」を行なう際に気をつけたいのが、「ファイル」と「ディレクトリ」(ディレクトリ)で、処理方法が異なってくる点です。
　そのため、**1-1節**で紹介した「存在チェック」の応用として、「if文」で、この判別を行ないます。

　この判別方法は意外と便利で、スクリプトを組む際によく使われます。
　ファイルの存在確認だけでなく、「種別判定」もできるので、誤動作防止の強度が高くなるからです。
　ファイルは「**-f**」、ディレクトリは「**-d**」で判別できます。

＊

　加えて、次のスクリプトで、ディレクトリの圧縮に使う「**アーカイブ**」という方法は、通常は意識する機会がありません。
　「アーカイブ」という言葉は聞いたことがあるけれど、実際どういったものかは知らない人もいるでしょう。
　「アーカイブ」は、簡単に言うと「複数のファイルを、1つのファイルとしてまとめる」ことを言います。

　また、ツールによっては、「アーカイブ」ではなく、「書庫化」という表現で出てくることもあります。この機会に覚えておきましょう。

[8] 圧縮処理

【リスト2-8】base08.sh

```bash
#!/bin/bash

# ================================================
# 圧縮処理
# ================================================


# ------------------------------------------------
# ファイルかディレクトリかで処理が変わります
# ------------------------------------------------

target=$1

if [ -f $target ]; then
    gzip $target
else
    if [ -d $target ];then
        cd $target/..
        dirname=`echo $target | gawk -F/ '{print $NF}'`
        tar zcf $dirname.tar.gz ./$dirname
    else
        echo Target not found
    fi
fi

exit
```

●スクリプト解説

　ここでも、「引数」を利用しています。

(順番に読み進めてきた方は、そろそろ慣れたころでしょうか)。

　そのため、スクリプトの実行命令は、

base08.sh [圧縮したいファイル (ディレクトリ)]

となります。

*

　このスクリプトを実行すると、ファイルは「ファイル.gz」という名前のファイル
に、ディレクトリは「ディレクトリ.tar.gz」という名前のファイルになります。

　解凍時は、ファイルは、

gunzip [ファイル.gz]

第2章 基本処理

ディレクトリは、

```
tar zxf [ディレクトリ.tar.gz]
```

で解凍できます。

＊

なお、引数で指定したファイルやディレクトリが見つからない場合は、
「Target not found」というエラーが表示されます。

―――――――――[実行例]―――――――――

まず、「ls」コマンドで、初期状態のファイル内容を確認しておきましょう。
以下の例では「work」ディレクトリ内のファイル内容を表示しています。

```
$ ls -l ./work/
合計 0
-rwxrwxrwx 1 root root  0 1月  1  2016 Sample.sh
-rwxrwxrwx 1 root root 75 1月  4 18:34 Sample.txt
drwxrwxrwx 2 root root  0 1月  4 18:37 Samples
drwxrwxrwx 2 root root  0 1月  3 23:31 base
drwxrwxrwx 2 root root  0 1月  3 23:31 check
-rwxrwxrwx 1 root root  6 1月  3 22:33 exclusion-file
-rwxrwxrwx 1 root root 28 1月  4 17:01 includ_file
-rwxrwxrwx 1 root root  8 1月  3 22:33 out_file.txt
-rwxrwxrwx 1 root root  0 1月  3 22:33 test-file
```

＊

まず、「Sample.txt」を指定して、圧縮してみます。

スクリプトを実行して、改めてファイル内容を確認してみると、「Sample.
txt.gz」というファイルが出来ているのが確認できます。

```
$ ./base08.sh ./work/Sample.txt
$ ls -l ./work/
合計 0
-rwxrwxrwx 1 root root  0 1月  1  2016 Sample.sh
-rwxrwxrwx 1 root root 87 1月  4 18:47 Sample.txt.gz
drwxrwxrwx 2 root root  0 1月  4 18:37 Samples
drwxrwxrwx 2 root root  0 1月  3 23:31 base
drwxrwxrwx 2 root root  0 1月  3 23:31 check
-rwxrwxrwx 1 root root  6 1月  3 22:33 exclusion-file
-rwxrwxrwx 1 root root 28 1月  4 17:01 includ_file
```

40

[8] 圧縮処理

```
-rwxrwxrwx 1 root root    8  1月  3 22:33 out_file.txt
-rwxrwxrwx 1 root root    0  1月  3 22:33 test-file
```

*

次に、「Samples」を指定してみましょう。

「Samples」というディレクトリがアーカイブ化されて、「Samples.tar.gz」
が出来ているのが分かります。

```
$ ./base08.sh ./work/Samples
$ ls -l ./work/
合計 0
-rwxrwxrwx 1 root root   0  1月  1  2016 Sample.sh
-rwxrwxrwx 1 root root  87  1月  4 18:47 Sample.txt.gz
drwxrwxrwx 2 root root   0  1月  4 18:37 Samples
-rwxrwxrwx 1 root root 141  1月  4 18:47 Samples.tar.gz
drwxrwxrwx 2 root root   0  1月  3 23:31 base
drwxrwxrwx 2 root root   0  1月  3 23:31 check
-rwxrwxrwx 1 root root   6  1月  3 22:33 exclusion-file
-rwxrwxrwx 1 root root  28  1月  4 17:01 includ_file
-rwxrwxrwx 1 root root   8  1月  3 22:33 out_file.txt
-rwxrwxrwx 1 root root   0  1月  3 22:33 test-file
```

基本処理

第2章 基本処理

9 転送処理

セキュアな転送機能

scp	暗号化を行なった上で、ネットワーク間でファイルのコピーを行なうコマンド。

　他の保存場所にデータを転送するには、「scp」というコマンドを使うのが定番です。

　以前は、「FTP」という方法で転送を行なっているケースが多かったのですが、セキュリティの関係で問題がありました。
　そして代わりに出てきたのが、「SCP」という方法です。

＊

　「SCP」は、簡単に言うと、「FTP」よりもセキュアな状態で接続して、転送を実施する機能です。
　この「SCP」は、現在ではWindowsのファイル転送ツールでも利用できるようになっています。

　使い方は「FTP」と大きく変わりません。
　セキュリティを強化するためにも、使い方に慣れておくといいでしょう。

【リスト2-9】base09.sh

```bash
#!/bin/bash

# ===============================================
# 転送処理
# ===============================================


# -----------------------------------------------
# 変数設定
# -----------------------------------------------
target=$1
target_name=【ログインユーザー名】
```

42

[9] 転送処理

```
target_host=【転送先ホスト名かIPアドレス】

# -------------------------------------------------
# 転送処理
# -------------------------------------------------

if [ -f $target ]; then
  scp $target $target_name@$target_host:~/
else
  if [ -d $target ];then
    scp -r $target $target_name@$target_host:~/
  else
    echo Target not found
  fi
fi

exit
```

基本処理

●スクリプト解説

　接続には、「ユーザー名」と「IPアドレス」が必要になります。

　このスクリプトのまま使った場合は、接続時に「パスワード」を聞かれ、毎回入力が必要です。

　これを簡単にするため、またセキュリティを強化するために、「**公開鍵認証**」を取り入れる方法もあります。

＊

　「公開鍵認証」とは、自分自身を証明する「公開鍵」と「秘密鍵」からなる「鍵ペア」を作り、接続先に「公開鍵」を登録し、接続時に「秘密鍵」を提示することで認証を行なう方式です。

　自動処理を行なう場合は、この方式を取り入れることで、セキュアに自動化できます。

　以下の実行例では、そのまま実行を行なっていますが、興味のある人は、調べて導入してみてください。

| 第2章 | 基本処理 |

実行例

まず、「ls」コマンドから、初期状態のファイル内容を確認しておきましょう。

ここでは、前節と同じ構成にしています。

```
$ ls -l ./work/
合計 0
-rwxrwxrwx 1 root root  0 1月  1  2016 Sample.sh
-rwxrwxrwx 1 root root 75 1月  4 18:34 Sample.txt
drwxrwxrwx 2 root root  0 1月  4 18:37 Samples
drwxrwxrwx 2 root root  0 1月  3 23:31 base
drwxrwxrwx 2 root root  0 1月  3 23:31 check
-rwxrwxrwx 1 root root  6 1月  3 22:33 exclusion-file
-rwxrwxrwx 1 root root 28 1月  4 17:01 includ_file
-rwxrwxrwx 1 root root  8 1月  3 22:33 out_file.txt
-rwxrwxrwx 1 root root  0 1月  3 22:33 test-file
```

＊

スクリプトを実行します。

実行命令では、転送したいファイル名を後ろに入力しましょう。

パスワードを聞かれるので入力すると、転送が始まります。

```
$ ./base09.sh ./work/test-file
test@XXX.XXX.XXX.XXX's password:
test-file              100%  0        0.0KB/s       00:00
```

[10] 同期

10 同 期

ディレクトリ間で同期処理を行なう

基本処理

rsync	2つのディレクトリ間で、ファイル内容を同期するコマンド。

別のディレクトリ（ディレクトリ）と同期をとる機能が、「rsync」です。

＊

解説するスクリプトは、同じ機器の中で動作することを前提に作っていますが、「scp」コマンドと同じように、異なる機器への同期も可能です。

この処理は、「バックアップ」を取得するときに便利なほか、「設定の複製」を作る場合にも活躍します。

ただし、少しだけ使い方にクセがあるので、気をつけてください。

なお、ここでは純粋に基本構成を覚えてもらうのが目的のため、オプションは最小限にしてあります。

そのため、本スクリプトで同期をとった場合には、「削除」をしたものに関しても消えることはありません。

＊

「削除」の同期を行なう場合は、オプションとして「--delete」をつけるようにしてください。

よく「同期」という言葉から、デフォルトで削除もされると思われがちですが、この手の処理での「削除」は、慎重にならなければならないのが実情です。

＊

また、併せて覚えておきたいオプションとして、「--dry-run」があります。

これは、「実際には実行しないけど、このようなものが同期予定です」という、いわゆる「お試し機能」です。

より慎重に作業を行なうためにも、覚えておいて損はないでしょう。

45

第2章　基本処理

【リスト2-10】base10.sh

```bash
#!/bin/bash

# ================================================
# 同期
# ================================================


# ------------------------------------------------
# 変数設定
# ------------------------------------------------
target_base=./work/sync/base
target_sync=./work/sync/sync


# ------------------------------------------------
# 転送処理
# ------------------------------------------------

rsync -a $target_base/* $target_sync/

exit
```

●スクリプト解説

　このスクリプトでは「同期」が主役なので、「同期元」と「同期先」を変数として定義しています。

　「**target_base**」が「同期元」、「**target_sync**」が「同期先」となります。

＊

　ポイントは、「どのように同期させたいか」です。

　「同期元」の後ろに「/*」を付けることで、「ディレクトリごと」ではなく「ディレクトリの内容だけ」を指定しています。

　この「/*」がないと、「同期先」のディレクトリの下に、もう一段「同期元」のディレクトリが作られてしまいます。

　「同期元」と「同期先」のディレクトリ名を別にしたい場合は、今回のような方法で処理を行ないます。

　また、「同期元」と「同期先」のディレクトリ名を同じにしたい場合は、「/*」を排除して「同期先」を調整してください。

[10] 同期

実行例

　同期をとる2つのディレクトリ、「base」「sync」を用意しておきます。
　「base」ディレクトリ内には「Sample」というディレクトリがあり、「sync」
ディレクトリ内には何も入っていません。

```
$ ls -l ./work/base/
合計 0
-rwxrwxrwx 1 root root 0  1月  4 18:37 Sample

$ ls -l ./work/sync/
合計 0
```

＊

　この状態でスクリプトを実行し、改めてファイル内容を確認してみると、
「sync」ディレクトリに、「Sample」ディレクトリがコピーされているのが確認
できます。

```
$ ./base10.sh

$ ls -l ./work/base/
合計 0
-rwxrwxrwx 1 root root 0  1月  4 18:37 Sample

$ ls -l ./work/sync/
合計 0
-rwxrwxrwx 1 root root 0  1月  4 18:37 Sample
```

第2章 基本処理

データ処理①
欲しいデータだけを抜き出す

awk 入力内容に対してさまざまなデータ処理ができるコマンド。

　たとえば、表示結果の中で「この部分のデータだけ欲しい」といったことはないでしょうか。そのような機能を実現してくれるのが、以降で解説する「awk」コマンドです。

＊

　リスト2-11では、「フィールド」単位で選択表示させていますが、「四則演算」(足す、引く、掛ける、割る)などもできます。
　「フィールド」は、特にオプションを利用しなければ、1つ以上のスペースで区切られます。
　また、区切るための文字を指定することも可能です。
　「区切り文字」を変更する場合は、「-F」のオプションを利用します。

　「awk」は、単体で使うことは稀ですが、他の処理へ引き渡すためのつなぎとして、スクリプト内ではよく利用されます。

＊

　なお、「awk」に似たコマンドとして、「**gawk**」や「**mawk**」などもあります。
　これらのコマンドは、さまざまな団体が改良を加えて、より使いやすい「awk」を目指した結果、生まれた派生のコマンドです。
　使用方法は「awk」とあまり変わらないので、興味があれば試してみてください。

【リスト2-11】base11.sh

```
#!/bin/bash

# ==================================================
# データ処理①
# ==================================================

# --------------------------------------------------
```

[11]　データ処理①

基本処理

```
# awsを使用して最終フィールドのみ抽出
# -------------------------------------------------

find ./work -type f | awk '{print $NF}'


exit
```

●スクリプト解説

　単純に「フィールド」を抜き出して表示できるように、シンプルな構成になっているスクリプトです。

＊

　「find」コマンドで、「work」ディレクトリ内にあるファイルを検索するコマンドから「awk」コマンドに引き渡しています。

＊

　「'{print $NF}'」が、「最終フィールドを表示させる」という命令文になります。
　「フィールド」単位で抜き出すことが可能なので、第1フィールドを「$1」、第2フィールドを「$2」といった具合に変数に格納していきますが、「最後のフィールド」に関しては「$NF」で表記できます。

実行例

　スクリプトを実行すると、ディレクトリ内の最下層にあるファイルを抽出して表示します。適当なファイル、ディレクトリが入り交じっているものを作って、スクリプトを試してみてください。

```
$ ./base11.sh
./work/base/Sample
./work/exclusion-file
./work/includ_file
./work/out_file.txt
./work/Sample.sh
./work/Sample.txt.gz
./work/Samples/Sample
./work/Samples.tar.gz
./work/sync/Sample
./work/test-file
```

第2章 基本処理

12 データ処理②

「動作」を実現するコマンド

xargs	入力された値を元に、それを引数として指定のコマンドを実行する。

　前節では、単純にデータの加工に着目し、「awk」コマンドの使用方法を紹介しました。

　先にも述べた通り、「awk」コマンドはさまざまな「データ加工」機能をもったコマンドですが、それ単体で使われるケースは少ないのが実情です。
　なぜなら、スクリプトを組む上で、「データを加工する」ことが目的になるケースは稀であり、たいていは目的である「動作」を実現するために、データを加工するケースが多いからです。

＊

　「awk」コマンドが本領を発揮するのは、上記過程における中間ポジションです。
　その「awk」を中継として、最前線で「動作」の実現を担当することが多いコマンドがあります。そのひとつが、「xargs」コマンドです。

＊

　「xargs」コマンドは、引き渡された値を元に、コマンドを実行してくれます。

　「awk」コマンドが加工して出してくれた「データ」(値)と、何かを実現するための「コマンド」をつなぎ合わせてくれる、まるで"仲人"のようなコマンドです。
(スクリプトを組む際に、お世話になっている方も多いのではないでしょうか)。

　この「xargs」コマンドは、引き渡された値の個数ぶんだけ、値を当てはめてコマンドを実行していきます。

[12]　データ処理②

基本処理

　複雑な「繰り返し処理」を書かなくても、簡単なものであればこれで充分ま
かなえます。

【リスト2-12】base12.sh

```
#!/bin/bash

# ================================================
# データ処理②
# ================================================

# ------------------------------------------------
# awsの結果をxargsへ引き渡して実行
# ------------------------------------------------

find ./work -name "test*" -type f | awk '{print $NF}'| xargs cat

exit
```

●スクリプト解説

　「xargs」コマンドの特性を簡単に理解できるように、シンプルな構成のスク
リプトになっています。

　このスクリプトと同じ階層に、「work」というディレクトリが作られている
ことが前提です。
　ベースは、前述の「find」コマンドになります。
                           ＊
「base11」の内容に、「xargs」で「cat」コマンドをつなげています。

　「cat」コマンドは、ファイルの内容を参照するコマンドです。
　前回の実行例はパスを含んだファイル名でしたが、今回は検索でヒットし
たファイルの内容が表示されるようになります。

51

第2章 基本処理

実行例

「work」ディレクトリの中身は、以下のような構成だとします。

```
$ ls -l ./work/
合計 0
-rwxrwxrwx 1 root root   0 1月  1  2016 Sample.sh
-rwxrwxrwx 1 root root  87 1月  4 18:47 Sample.txt.gz
drwxrwxrwx 2 root root   0 1月  4 18:37 Samples
-rwxrwxrwx 1 root root 141 1月  4 18:47 Samples.tar.gz
drwxrwxrwx 2 root root   0 1月  4 19:02 base
drwxrwxrwx 2 root root   0 1月  3 23:31 check
-rwxrwxrwx 1 root root   6 1月  3 22:33 exclusion-file
-rwxrwxrwx 1 root root  28 1月  4 17:01 includ_file
-rwxrwxrwx 1 root root   8 1月  3 22:33 out_file.txt
drwxrwxrwx 2 root root   0 1月  4 19:03 sync
-rwxrwxrwx 1 root root  15 1月  4 19:11 test-file
```

＊

スクリプトを実行すると、名前に「test」が付いているファイルを探し出した上で、ファイルの内容を表示します。

```
$ ./base12.sh
This is Sample
```

直接、「test-file」ファイルを開いてみると、内容が一致していることが分かります。

```
$ cat ./work/test-file
This is Sample
```

[13] 一時停止処理

13 一時停止処理
予期せぬ作業を中断させる

基本処理

case文	処理の状況や入力情報のパターンによって、実行する処理を振り分ける書式。

　よくスクリプトを組む際に、誤って実行してしまうことがあります。
　エラーで止まってくれればいいのですが、中途半端に動いてしまったりすると、後々思わぬトラブルの引き金になるかもしれません。
(他の機器へ影響を及ぼすスクリプトを組んでいる場合など)。

　ここでは、そのようなトラブルを未然に防ぐ、「一時停止用のスクリプト」について解説します。

＊

　メインとして扱うのは、「case文」です。
　「case文」では、パターンに応じて処理方法を決定していきます。

　また、加えて「read」も、覚えておきたいコマンドのひとつです。
　特に「対話型」のスクリプト(実行後に入力を求められるスクリプト)ではよく利用されるコマンドなので、覚えておくといろいろと重宝するでしょう。

【リスト2-13】base13.sh

```
#!/bin/bash

# ----------------------------------------------------
# 一時停止処理
# ----------------------------------------------------

while /bin/true
do
  echo "###################################"
  echo "実行しますか？"
  echo "(yes/no)"
```

53

第2章 基本処理

```
  echo "######################################"
  echo -n " => "
  read ans
  case ${ans} in
    [Yy]|[Yy][Ee][Ss])
      break ;;
    *)
      echo "stop"
      exit 0;;
  esac
done

echo "go"
```

●スクリプト解説

今回のスクリプトは、「while」を使った「繰り返し処理」の応用版です。

＊

繰り返し処理内で「echo」コマンドを使ってメッセージを表示していますが、「echo」コマンドに見慣れない「-n」のオプションがついています。

これは、最後の「改行」を加えないオプションで、「入力待ち」（のような）状態で表示を完了します。

ここで何かを入力すると、その内容は、「read」コマンドによって変数「ans」に格納され、「case文」にかけられます。

＊

「case文」内では、「y」または「Y」のみの入力か、「yes」（大文字と小文字の混在可）を認識したら、「繰り返し処理」を抜けて(break)、「go」を表示します。

それ以外であれば、「stop」を表示して終了します。

実行例

スクリプトを実行すると、「実行しますか？」の表示の後に文字を入力できるようになります。

```
$ ./base13.sh
######################################
実行しますか？
(yes/no)
######################################
=>
```

[13] 一時停止処理

基本処理

*

試しに、「yes」と入力してみましょう。「go」と表示されます。

入力内容は、大文字と小文字が混ざっていてもかまいません(Yes など)。

```
=> yes
go
```

また、「y」や「Y」と一文字だけの入力でも問題ありません。

```
$ ./base13.sh
###########################################
実行しますか?
(yes/no)
###########################################
=> Y
go
```

*

「no」と入力(実際には、「yes」や「y」以外の入力)すると、「stop」と表示されて、処理が終了します。

```
$ ./base13.sh
###########################################
実行しますか?
(yes/no)
###########################################
=> no
stop
```

55

第2章　基本処理

外部ファイル読み込み

「変数」を外部ファイルにもたせる

source（または「.」）　外部のファイルをスクリプトとして読み込むコマンド。

　本来、「変数」は、そのスクリプトの動作を決定する大切な設定です。
　そのため、多くのスクリプトでは、「変数」をそのままスクリプト内で設定（宣言）します。

　しかし、稀に複数のスクリプト動作をパターン化することによって、単一のスクリプトを複数の条件下で動作させるような状況があります。
（つまり、動作はまったく同じで対象は異なる、というケース）。

　このようなときに便利なのが、「変数」を外部ファイルにもたせる方法です。
　この方法であれば、修正が必要になった際に、修正箇所が少なくてすみます。

*

　また、仕事の面では、スクリプトを「作る人」と「使う人」が異なることがあります。

　たいていの場合、「使う人」はスクリプトに関する知識が乏しいと思われますが、こういった単一スクリプトでのパターン化は、限られた部分の修正を使用者側で行ない、根本の動作に関する修正は作成者側で行なう、といった役割分担もできます。

　すべての修正を作成者が行なわなくていいという面では、効率的に管理できる方法だと言えるでしょう。

[14] 外部ファイル読み込み

【リスト2-14】base14.sh

```bash
#!/bin/bash

# ----------------------------------------------------
# 外部ファイル読み込み
# ----------------------------------------------------


. ./work/includ_file

# ----------------------------------------------------
# 読み込めたか確認
# ----------------------------------------------------

echo $includ_key
```

●スクリプト解説

　外部ファイルとして、「work」ディレクトリ配下に「includ_file」を作り、その中で変数「includ_key」を宣言しています。

＊

　読み込みには、「.」がコマンドのように使われています。

　この「.」は、「source」コマンドの代用として利用されているものです。

＊

　「source」は、外部のファイルをスクリプトとして読み込むコマンドになります。

　つまり、読み込まれた「includ_file」の中に書いてある変数宣言文が、スクリプトとして読み込まれることによって、このスクリプト内で変数宣言を行なったのと同じ効果を発揮する、というわけです。

【実行例】

　「work」ディレクトリの内容は、いままでと同様とします。

```
$ ls -l ./work/
合計 0
-rwxrwxrwx 1 root root   0 1月  1  2016 Sample.sh
-rwxrwxrwx 1 root root  87 1月  4 18:47 Sample.txt.gz
drwxrwxrwx 2 root root   0 1月  4 18:37 Samples
-rwxrwxrwx 1 root root 141 1月  4 18:47 Samples.tar.gz
```

第2章 基本処理

```
drwxrwxrwx 2 root root    0  1月  4 19:02 base
drwxrwxrwx 2 root root    0  1月  3 23:31 check
-rwxrwxrwx 1 root root    6  1月  3 22:33 exclusion-file
-rwxrwxrwx 1 root root   28  1月  4 17:01 includ_file
-rwxrwxrwx 1 root root    8  1月  3 22:33 out_file.txt
drwxrwxrwx 2 root root    0  1月  4 19:03 sync
-rwxrwxrwx 1 root root   15  1月  4 19:11 test-file
```

*

「includ_file」の中身を確認すると、次のようになっています。

```
$ cat ./work/includ_file
includ_key="This is Sample"
```

*

スクリプトを実行してみましょう。

変数「includ_key」の内容（This is Sample）が表示されます。

```
$ ./base14.sh
This is Sample
```

自分がいる場所を確保

スクリプト実行後に戻ってくる場所を固定する

PWD 現在地(カレント・ディレクトリ)を格納する環境変数。

　スクリプトを組んでいると、実際の「作業ディレクトリ」(ディレクトリ)に移動して作業を行なわせたほうが、楽な場合があります。

　しかし、動作的には問題なのですが、いざ実行した際に困るのが、「実行時の場所」と「スクリプトの動作が終わったときにいる場所」が変わってしまう点です。
　特に、「CLI」(コマンドラインで動作するインターフェイス)では、一瞬自分がどこにいるのか分からなくなり、現在地の確認から行なう必要が出てくるので、かなり面倒です。

　「動作の内容」もさることながら、「動作後の状態」にも気を配るのが、いいスクリプトを組む上で大切なことだと言えるでしょう。

＊

　動作前と動作後の場所を含めた「環境の変化」は、「**環境変数**」の変化によるものが多いです。

　「環境変数」には、さまざまなものが存在します。
　たとえば、「SHELL」には、現在自分がデフォルトで使うように設定されているシェルが格納されています。
　また、「USER」には、現在のユーザー名が格納されています。

＊

　なお、こういった「環境変数」の一覧は、「**printenv**」コマンドで確認できます。
　興味があれば、一度覗いてみてください。

第2章 基本処理

【リスト2-15】base15.sh

```
#!/bin/bash

# ========================================================
# 自分がいる場所を確保
# ========================================================

base_dir=$PWD

# --------------------------------------------------------
# 試しに移動してみる
# --------------------------------------------------------

cd ./work
echo "一度$PWDへ移動しました。"

# --------------------------------------------------------
# 元の位置に戻る
# --------------------------------------------------------
cd $base_dir
```

●スクリプト解説

「場所」に関する問題は、現在地(カレント・ディレクトリ)を格納する環境変数、「PWD」を一時的に退避することで対応できます。

*

変数「base_dir」に事前に格納しておくことで、どこに移動しても、最終的に戻ってくる場所が固定されます。

*

なお、「PWD」は、「print working directory」の略語です。

一見、とっつきづらそうな環境変数やコマンドも、その意味を理解すると少しは覚えやすくるかもしれません。

実行例

スクリプトを実行すると、「work」ディレクトリに移動しますが、その後、現在地(ここでは、「Sample」ディレクトリ)に戻ってくるのが確認できます。

```
$ ./base15.sh
一度/mnt/c/shells/Sampleへ移動しました。
```

60

ファイル操作

「ファイル操作」と言えば、マウスクリックで行なうのが基本ですが、「シェル」で処理すれば、きちんと結果を確認したり、たくさんの操作をまとめて処理することが可能になります。
ここではそのような「ファイル操作」について、便利なレシピを紹介します。

第3章　ファイル操作

16 名前に「全角数字」が入っているファイルを探す

「文字化け」を防ぐ

find	「ファイル名」「更新時間」などの任意の条件で、ファイルを検索するためのコマンド。
grep	「正規表現」を使って、ファイルや入力内容などを検索するためのコマンド。

　ITの世界では、私たちが利用している文字が認識されないことがあります。
　特に、こういったトラブルに巻き込まれがちなのが、最も身近と言える「日本語」の文字です。

　加えて注意したいのが、「全角数字」。これもよく文字化けする文字として有名です。

＊

　「日本語」、または「日本語キーボード由来の文字」が文字化けしてしまう理由は、IT機器上で「日本語」を表現するために用いられる「**文字コード**」の規格と、世界的な標準規格との互換性が、充分でないことが原因です。

　たとえば、日本国外で使われているキーボードと、日本で使われているキーボードでは、キーの配置が違います。
　海外のキーボードでは、基本的に「半角英数字」と「記号」のみで言語表現が可能なため、「変換用のキー」などは不要です。
　つまり、この「変換」で表示される文字が、おおよそ文字化けを起こすものとなります。

＊

　前置きが長くなってしまいましたが、このスクリプトはそういった文字を名前に含むファイルを、事前に洗い出すことができます。
　「日本語」がついているすべてのファイルを対象にして検索できるので、事前にチェックしてファイル名を修正するときに使いましょう。

62

[16]　名前に「全角数字」が入っているファイルを探す

【リスト3-1】function01.sh

```bash
#!/bin/bash

# =================================================
# ファイル名に日本語や全角数字が混入しているファイルを探し出す
# =================================================


# -------------------------------------------------
# 変数設定
# -------------------------------------------------

target_file=./index.log
result_file=./result.log

# -------------------------------------------------
# 検索用Indexの作成
# -------------------------------------------------

find ./ -type f > $target_file

# -------------------------------------------------
# ASCIIにだけ含まれる文字を含んだ検索結果を抜き出し
# -------------------------------------------------

LANG=C
grep -v '^[[:cntrl:][:print:]]*$' $target_file > $result_file

# -------------------------------------------------
# 結果表示
# -------------------------------------------------

cat $result_file

# -------------------------------------------------
# 後片付け
# -------------------------------------------------

rm $target_file
rm $result_file
```

第3章 **ファイル操作**

●スクリプト解説

このスクリプトでは、「find」コマンドと「grep」コマンドを、組み合わせて使っています。

このスクリプトを置いた場所以下、すべてのファイルを対象として「find」コマンドで検索をかけ、「grep」コマンドで文字を抽出します。

＊

また、最初に検索対象を「このスクリプト実行時点」とするため、ファイルの一覧を作り、「index.log」に書き込みます（**18行目**の「index.log」の作成）。

その上で「index.log」の内容を、「grep」コマンドで検索する、といった流れになります。

＊

いちばんのポイントは、「grep」コマンドの検索条件として、文字化けしてしまうものを「正規表現」で指定しているところにあります。

「正規表現」は、本書ではあまり詳しく触れないので、スクリプトを組むときはサンプルからコピー＆ペーストして使ってください。

┤実行例├

スクリプトを置いた場所、「work」ディレクトリのファイル構成は、次のような感じになっています。

```
$ ls -l ./work/
合計 0
-rwxrwxrwx 1 root root   0 1月  5 21:02 Sample1.txt
-rwxrwxrwx 1 root root   0 1月  5 21:02 Sample 1.txt
-rwxrwxrwx 1 root root   0 1月  5 21:02 サンプル.txt
-rwxrwxrwx 1 root root   0 1月  5 21:02 さんぷる.txt
```

＊

スクリプトを実行すると、名前に「日本語」や「全角文字」が使われているファイルを、抜き出して表示します。

```
$ ./function01.sh
./work/Sample 1.txt
./work/サンプル.txt
./work/さんぷる.txt
```

64

17 毎日同じ時間に、ファイルをバックアップ
ファイル名をチェック

rsync　「コピー元」と「コピー先」の2つのディレクトリ内容を同期させるコマンド。

「バックアップ」と聞いて、その重要性を認識する方は多いものの、「バックアップ」を行なうことをとても面倒に思う人も多いのではないでしょうか。

＊

リスト3-2のスクリプトは、「バックアップ」を手軽に行なうことを目的としています。

「cron」（クローン）と呼ばれる機能を使うことで、「バックアップ」を自動的に行なうようにできます。

「cron」は、もともとWindowsで利用されていた「Task」と呼ばれる機能に相当し、「実施したい動作」を「実施したい時間」に実行させる機能です。

たとえば、夜中のあまり利用しない時間帯にこの機能を使って、いろいろな仕事を「スクリプト」をベースとした"小人さん"にやってもらうといったこともできます。

＊

一点、注意事項として、「cron」を利用する際には、マシンは必ず起動した状態のままにしておく必要があります。

また、「Windows10」で動作させる場合は、さらに「Ubuntu」の仮想マシンを起動した状態を維持しておきましょう。

第3章　ファイル操作

【リスト3-2】function02.sh

```bash
#!/bin/bash

# ===================================================
# 毎日同じ時間にファイルを共有ディレクトリにバックアップ
# ===================================================

# ---------------------------------------------------
# 変数設定
# ---------------------------------------------------

target_file=./work/test-file
target_dir=./work
backup_dir=./backup_dir

# ---------------------------------------------------
# バックアップファイルがあるか確認
# ---------------------------------------------------

if [ ! -d $backup_dir ]; then
    echo "not exsit backup_dir"
fi

# ---------------------------------------------------
# 特定のファイルのみをバックアップしたい場合
# ---------------------------------------------------

if [ -e $target_file ]; then
    rsync $target_file $backup_dir/
fi

# ---------------------------------------------------
# ディレクトリごとバックアップしたい場合
# ---------------------------------------------------

if [ -d $target_dir ]; then
    rsync -r $target_dir $backup_dir/
fi
```

[17]　毎日同じ時間に、ファイルをバックアップ

●スクリプト解説

このスクリプトでは、「rsync」コマンドを使って、バックアップ元とバック
アップ先のファイルがまったく同じものである(同期する)ようにしています。

したがって、「rsyncを使って同期を取っておく」のが、「バックアップ」の
本来の意味です。

同期を取っておけば、「バックアップ元」と「バックアップ先」で同じデータ
が保持されるので、「バックアップ元」のファイルが消えたり壊れたりしてし
まっても、「バックアップ先」から取り出せば、まったく同じファイルが復元
できることになります。

＊

ちなみに、「まったく同じデータ」でなくても大丈夫な場合は、データのコ
ピーをとる「cp」コマンドを利用することも可能です。

ファイル操作

実行例

コピー元となる「work」ディレクトリの内容は、次のようになっています。

```
$ ls -l ./work/
合計 0
-rwxrwxrwx 1 root root   0 1月  1  2016 Sample.sh
-rwxrwxrwx 1 root root  87 1月  4 18:47 Sample.txt.gz
drwxrwxrwx 2 root root   0 1月  4 18:37 Samples
-rwxrwxrwx 1 root root 141 1月  4 18:47 Samples.tar.gz
drwxrwxrwx 2 root root   0 1月  5 20:56 base
drwxrwxrwx 2 root root   0 1月  3 23:31 check
-rwxrwxrwx 1 root root   6 1月  3 22:33 exclusion-file
-rwxrwxrwx 1 root root  28 1月  4 17:01 includ_file
-rwxrwxrwx 1 root root   8 1月  3 22:33 out_file.txt
drwxrwxrwx 2 root root   0 1月  4 19:03 sync
-rwxrwxrwx 1 root root  15 1月  4 19:11 test-file
```

＊

スクリプトを実行すると、「target_file」に指定したファイルと、そのファイ
ルが存在するディレクトリを、それぞれバックアップします。

処理が終わったら、コピー先の「backup_dir」ディレクトリの内容を確認し
てみましょう。

67

第3章　ファイル操作

```
$ ./function02.sh

$ ls -l ./backup_dir/
合計 4
-rwxrwxrwx 1 root root 15  1月  5 21:02 test-file
drwxrwxrwx 2 root root  0  1月  5 21:02 work

$ ls -l ./backup_dir/work/
合計 0
-rwxrwxrwx 1 root root   0  1月  5 21:02 Sample.sh
-rwxrwxrwx 1 root root  87  1月  5 21:02 Sample.txt.gz
drwxrwxrwx 2 root root   0  1月  5 21:02 Samples
-rwxrwxrwx 1 root root 141  1月  5 21:02 Samples.tar.gz
drwxrwxrwx 2 root root   0  1月  5 21:02 base
drwxrwxrwx 2 root root   0  1月  5 21:00 check
-rwxrwxrwx 1 root root   6  1月  5 21:02 exclusion-file
-rwxrwxrwx 1 root root  28  1月  5 21:02 includ_file
-rwxrwxrwx 1 root root   8  1月  5 21:02 out_file.txt
drwxrwxrwx 2 root root   0  1月  5 21:02 sync
-rwxrwxrwx 1 root root  15  1月  5 21:02 test-file
```

[18] 複数のファイルに同じ文字をつける

18 複数のファイルに同じ文字をつける
ファイルを検索しやすくする

| awk | 入力内容に対してさまざまなデータ処理ができるコマンド。 |

ファイル操作

　子供のころ、よく親に「大切なものには名前を書いておけ」と言われたことはないでしょうか。

　これは、「自分のものであることを証明する」という理由以外に、「そのものを見つけやすくする」という理由があります。

　この原理は、現実世界だけではなく、ITの世界でも言えることです。

＊

　「探す」という行為はどのような状況でも発生しますが、なかなか目当てのものを見つけることができないということも、よくあるでしょう。

　そのようなときは、目的のものに一直線でたどりつける、またはできる限り探す対象を絞ることができる、何かしらの「目印」があると便利です。

　そういった「目印になりえるキーワード」を一括でつけてくれるのが、ここで解説するスクリプトになります。

＊

　リスト3-3では、[myfiles]というキーワードを、すべてのファイルに付けます。

　なお、このキーワードは自由に変更可能です。

【リスト3-3】function03.sh

```
#!/bin/bash

# ==============================================
# ファイル名の頭に一律[myfiles]とつけたい
# ==============================================

# ----------------------------------------------
# 変数設定
# ----------------------------------------------
```

69

第3章　ファイル操作

```
target_dir=./work/base/
target_file=./index.log
prefix_name=[myfiles]

# ---------------------------------------------------
# 対象のファイル一覧作成
# ---------------------------------------------------

find $target_dir -maxdepth 1 -type f | gawk -F/ '{print $NF}'
 > $target_file

# ---------------------------------------------------
# 対象のファイル一覧に基づいてファイル名に [myfiles] を追加
# ---------------------------------------------------

cat $target_file | while read line
do
    mv $target_dir$line $target_dir$prefix_name$line
done

# ---------------------------------------------------
# 後片付け
# ---------------------------------------------------

rm $target_file
```

●スクリプト解説

　このスクリプトの特徴は、対象ディレクトリの一階層目にあるファイルを検索し、「awk」コマンドへ引き渡すことで、キーワードを付与するファイルを列挙する点にあります。

＊

　「awk」は、スクリプトでよく利用されるコマンドです。

　しかし、いざ使おうとすると、なかなか使い方が思い出せないことが、経験上、多々あります。

　これについては、p.48で使い方を紹介しているので、参考にしてください。

＊

　動作としてはシンプルですが、この動作手順を応用することで、まったく別の動作を行なうスクリプトを作ることも可能です。

[18] 複数のファイルに同じ文字をつける

===[実行例]===

名前を変更する前のファイル内容は、次の通りです。

```
$ ls -l ./work/base/
合計 0
-rwxrwxrwx 1 root root 0  1月   5 21:21 sample01
-rwxrwxrwx 1 root root 0  1月   5 21:21 sample02
-rwxrwxrwx 1 root root 0  1月   5 21:21 sample03
-rwxrwxrwx 1 root root 0  1月   5 21:21 sample04
-rwxrwxrwx 1 root root 0  1月   5 21:21 sample05
```

＊

スクリプトを実行すると、それぞれのファイル名の頭に、[myfiles] が追加
されているのが確認できます。

```
$ ./function03.sh
$ ls -l ./work/base/
合計 0
-rwxrwxrwx 1 root root 0  1月   5 21:21 [myfiles]sample01
-rwxrwxrwx 1 root root 0  1月   5 21:21 [myfiles]sample02
-rwxrwxrwx 1 root root 0  1月   5 21:21 [myfiles]sample03
-rwxrwxrwx 1 root root 0  1月   5 21:21 [myfiles]sample04
-rwxrwxrwx 1 root root 0  1月   5 21:21 [myfiles]sample05
```

第3章 ファイル操作

19 「名前」と「サイズ」が同じファイルを探す

「正規表現」による検索

awk	入力内容に対してさまざまなデータ処理ができるコマンド。

　たくさんのファイルを管理していると、「ファイル名」と「ファイルサイズ」がまったく同じという状況に出くわすことがあります。

　バックアップとしてとっておいたディレクトリが、いくつもの場所に出来ていることが、主な原因であることが多いでしょう。

　このようなファイルが同じディスク内にあることは、ただの容量浪費でしかありません。

　このとき役立つのが、「ファイル名」と「ファイルサイズ」が同じファイルを見つける、**リスト3-4**のスクリプトです。

【リスト3-4】function04.sh

```bash
#!/bin/bash

# ================================================
# ファイル名とファイルサイズがまったく同じなファイルを見つける
# ================================================

# ------------------------------------------------
# 変数設定
# ------------------------------------------------

target_file=./index.log
result_file=./result.log

# ------------------------------------------------
# 必要ファイル作成
# ------------------------------------------------

touch $result_file
```

[19] 「名前」と「サイズ」が同じファイルを探す

```
# --------------------------------------------------
# 数字のみのファイルを検索し一覧化
# --------------------------------------------------

find ./ -regex ".*/[0-9]+$" -type f > $target_file

# --------------------------------------------------
# ファイルサイズと照らし合わせて一致するものを洗い出し
# --------------------------------------------------

cat $target_file | while read line
do
    check_file=`echo $line | gawk -F/ '{print $NF}'`
    check_size=`du -ab $line | gawk '{print $1}'`
    if [ $check_file -eq $check_size ]; then
        echo $line >> $result_file
    fi
done

# --------------------------------------------------
# 結果表示
# --------------------------------------------------

cat $result_file
# --------------------------------------------------
# 後片付け
# --------------------------------------------------

rm $target_file
rm $result_file
```

ファイル操作

●スクリプト解説

　リスト3-5のポイントは、「find」コマンドで検索をかける際に、「**正規表現**」を利用しているところです。

　「正規表現」は**1-1節**のスクリプトでも利用しましたが、覚えればかなり汎用的に、さまざまな用途に使えます。

　何千、何万通りの条件をパターン化することで、条件文をわずか数行に抑えることも可能です。

　今回の用途では、すべての「ファイルサイズ」を条件に指定が可能です。

73

第3章 ファイル操作

ただし、スクリプトをコピー&ペーストすれば、目的は果たせるので、まずはスクリプトの動作を試してみてください。

```
$ ./function04.sh
./work/base/10

$ ls -l ./work/base/
合計 0
-rwxrwxrwx 1 root root 10  1月   5 21:25 10
-rwxrwxrwx 1 root root  0  1月   5 21:24 100
```

---【実行例】---

検索対象のファイル内容が次のようになっているとします。
ひとつは名前とサイズが「10」で一致しているもの、もうひとつは一致していないものです。

```
$ ls -l ./work/base/
合計 0
-rwxrwxrwx 1 root root 10  1月   5 21:25 10
-rwxrwxrwx 1 root root  0  1月   5 21:24 100
```

スクリプトを実行すると、「10」のファイルのみが表示されます。

```
$ ./function04.sh
./work/base/10
```

[20] 100個のディレクトリを1つずつ圧縮

20 100個のディレクトリを1つずつ圧縮

ディスク容量を効率良く使う

find	「ファイル名」「更新時間」などの任意の条件で、ファイルを検索するためのコマンド。
tar	ファイルを「アーカイブ化」するコマンド。

最近のパソコンは、数TBのディスク容量があることも珍しくありません。

しかし、どのくらい大容量でも、いつか使うと思ってファイル捨てないでいると、すぐに容量を使い果たしてしまうでしょう。

そのようなときに、「圧縮」を行なえば、ディスク容量の空きが確保できます。

*

「圧縮」は便利ですが、ファイルを解凍する際に、その中に不要なファイルが入っていたりすると、解凍後に思わぬ容量を消費してしまいます。

このような事態にならないように、圧縮するファイルはある程度小分けにするのが、賢いやり方です。

ここで解説するスクリプトは、そのような動作を可能にします。

【リスト3-5】function05.sh

```
#!/bin/bash

# ===============================================
# 100個のディレクトリを1つずつ圧縮する
# ===============================================

# -----------------------------------------------
# 変数設定
# -----------------------------------------------

target_dir=./work/base/
```

第3章　ファイル操作

```
target_file=./index.log

# ------------------------------------------------
# 対象のディレクトリ一覧作成
# ------------------------------------------------

find $target_dir -maxdepth 1 -type d | gawk -F/ '{print $NF}'
 > $target_file

# ------------------------------------------------
# 対象のディレクトリ一覧に基づいてアーカイブ圧縮
# ------------------------------------------------

cat $target_file | while read line
do
    tar -czf $line.tar.gz $target_dir$line
done

# ------------------------------------------------
# 後片付け
# ------------------------------------------------

rm $target_file
```

●スクリプト解説

　リスト3-5では、例として100個のファイルを、1つずつ分けて圧縮するようにしています。

　また、誤動作を防ぐために、圧縮対象は「第一階層」までとしています。

＊

　いったんディレクトリの一覧を作り、その一覧に対して圧縮処理をかけているので、使うコマンドは、「find」と「tar」だけです。

　「tar」コマンドは、本来アーカイブ(複数のファイルをひとまとめにすること)を行なうコマンドですが、オプションをつけることで、同時に圧縮処理を行なっています。

　圧縮後の拡張子は「tar.gz」と二重拡張子になります。

　また、解凍する際は「tar -xzf 圧縮ファイル」で解凍できます。

[20] 100個のディレクトリを1つずつ圧縮

実行例

圧縮対象となる「base」ディレクトリの構成は、次のようになっています。

```
$ ls -l ./work/base/
合計 0
drwxrwxrwx 2 root root 0 1月  5 21:36 sample01
drwxrwxrwx 2 root root 0 1月  5 21:36 sample02
drwxrwxrwx 2 root root 0 1月  5 21:36 sample03
drwxrwxrwx 2 root root 0 1月  5 21:36 sample04
drwxrwxrwx 2 root root 0 1月  5 21:36 sample05
```

*

スクリプトを実行して、改めてファイル内容を確認してみましょう。
ディレクトリごとに圧縮しているのが確認できます。

```
$ ./function05.sh

$ ls -la | grep sample
合計 5
-rwxrwxrwx 1 root root 149 1月  5 21:37 sample01.tar.gz
-rwxrwxrwx 1 root root 148 1月  5 21:37 sample02.tar.gz
-rwxrwxrwx 1 root root 148 1月  5 21:37 sample03.tar.gz
-rwxrwxrwx 1 root root 149 1月  5 21:37 sample04.tar.gz
-rwxrwxrwx 1 root root 148 1月  5 21:37 sample05.tar.gz
```

第3章 ファイル操作

21 ファイル（ディレクトリ）の削除で警告を出す

「外部ファイル」による管理

外部ファイル ある「ベース・スクリプト」で使うための、変数などの値だけを書いたもの。

重要なファイルを消してしまったときの衝撃は、大きいものです。

ディレクトリごとファイルを削除してしまうと、消したことにすら気が付かないこともあります。

そのようなことにならないように、事前に「ガード」をかけるのが、ここで解説するスクリプトです。

＊

ファイルの削除を、**リスト3-6**のスクリプトを介して行なうと、削除対象に指定されているファイルがあった場合に、警告を表示して削除を停止してくれます。

【リスト3-6】function06

```bash
#!/bin/bash

# ====================================================
# 削除してはいけないファイル・ディレクトリを削除したら警告を出す
# ====================================================

# ----------------------------------------------------
# 変数設定
# ----------------------------------------------------

exclusion_file=./work/exclusion-file

# ----------------------------------------------------
# 削除対象を変数へ格納
# ----------------------------------------------------

target=$1
```

[21] ファイル（ディレクトリ）の削除で警告を出す

```
# -------------------------------------------------
# 削除対象を変数へ格納
# -------------------------------------------------

grep $target $exclusion_file
if [ $? = 0 ]; then
    echo 'これは消せない'
else
    rm $1
fi
```

●スクリプト解説

　このスクリプトは、いままでのスクリプトと少し毛色が違います。
　いちばんの違いは、「**外部ファイル**」を読み込んでいる点です。

＊

　外部ファイル「exclusion-file」に削除されたくないものを列挙しておき、スクリプトを使う際に、指定するファイル名との突き合わせを行なっています。

　この方法は、ファイルのバックアップを取得するときにも利用します。
　バックアップ対象外とするファイルの情報を、「外部ファイル」にもたせることで、余計な動作を減らせます。

＊

　このように、「外部ファイル」を利用するケースは少なくありません。
　スクリプトに直接書き込むのに抵抗があるもの(秘匿性の高い情報)や、随時更新が入る(動的変化が発生する)部分などは、「外部ファイル」として指定することで、より運用しやすく、またはセキュアに運用できます。

実行例

　実行例では、削除されたくないものに「Sample.txt」を指定しました。

```
$ cat ./work/exclusion-file
Sample.txt
```

＊

　次の、「work」ディレクトリから、「Sample.txt」と「Sample.sh」の削除を試してみます。

第3章 ファイル操作

```
$ ls -l ./work/
合計 0
-rwxrwxrwx 1 root root   0 1月  1  2016 Sample.sh
-rwxrwxrwx 1 root root   0 1月  7 09:36 Sample.txt
-rwxrwxrwx 1 root root  11 1月  7 09:36 exclusion-file
```

　まずは、「Sample.txt」を削除しようとすると、「これは消せない」という警告文が表示されます。

```
$ ./function06.sh ./work/Sample.txt
Sample.txt
これは消せない
```

　次に、「Sample.sh」を削除してみると、こちらは問題なく削除されているのが確認できます。

```
$ ./function06.sh ./work/Sample.sh

$ ls -l ./work/
合計 0
-rwxrwxrwx 1 root root   0 1月  7 09:36 Sample.txt
-rwxrwxrwx 1 root root  11 1月  7 09:36 exclusion-file
```

[22] ディスク容量が一定以下になったら警告する

22 ディスク容量が一定以下になったら警告する
ディスク容量を定期的に監視

df	ディスク容量の使用率を調べるコマンド。
sed	文字列の置換、削除など、さまざまなテキスト処理をするコマンド。

ファイル操作

　どんなに大きな容量のディスクを使っていても、いずれは容量がなくなってしまいます。

　3-5節で取り上げたように、常日頃から「圧縮処理」をしておけば、容量の節約ができるのですが、容量が少なくなってはじめて気づく人も多いかもしれません。

　そこで、ディスク容量を監視し、一定以下の容量になったら警告を表示するスクリプトを作ってみましょう。

【リスト3-7】function07.sh

```
#!/bin/bash

# ===================================================
# ディスク容量が一定以下になったら警告を出す
# ===================================================


# ---------------------------------------------------
# 変数設定
# ---------------------------------------------------

limit_para=65
Win_dir=/mnt/c


# ---------------------------------------------------
# 現在の使用率を算出
```

81

第3章　ファイル操作

```
# -------------------------------------------------

target=`df /mnt/c | tail -1 | sed 's/^.* ¥([0-9]*¥)%.*$/¥1/'`

# -------------------------------------------------
# 閾値を超えていないか確認
# -------------------------------------------------

if [ $target -ge $limit_para ]; then
    echo 'over'
else
    echo 'no over'
fi
```

●スクリプト解説

ディスク容量の使用率を調べるために、「df」コマンドを使っています。

*

また、「tail」コマンドは「下からN行までを表示」させるコマンドです。

例では、1行だけ表示させるようにしています。

*

その後にある「sed」コマンドは、置換コマンドです。

後の処理で数値比較を行なうので、出力されたテキストから「%」を排除するために使っています。

*

これらの「使用率」と「設定した閾値」を比較するため、変数「limit_para」で閾値を指定しています。

リスト3-7では、「65%」の使用率を閾値としています。

*

後は、このスクリプトを「cron」に設定しておき、定期的に動かすようにしておけば、一定時間ごとに容量の監視が可能になります。

[22] ディスク容量が一定以下になったら警告する

[実行例]

ディスクの使用率が閾値以下の場合は、スクリプトを実行すると「no over」と表示されます。

```
$ ./function07.sh
no over
```

＊

こんどは閾値の設定を変えるなどして、使用率を閾値以上した上で、スクリプトを実行してください。

「over」と表示され、残り容量が少なくなっているのが分かります。

```
$ ./function07.sh
over
```

第3章 ファイル操作

23 ファイルサイズが大きいものを一覧で出力

設定サイズを超えるファイルを探す

du	ファイルやディレクトリの容量を確認するコマンド。

　パソコン内のファイルには、数GBを超える大きなサイズのものも、ときどき見掛けます。

　サイズの大きなファイルの代表例と言えば、まず思いつくのは、「動画ファイル」ですが、それ以外にも、最初はそこまで大きくなかったファイルが、さまざまな更新を続けて大きくなってしまうケースもあります。

　また、意図しないで作られる「ログ・ファイル」も、日ごとにデータが蓄積されていくので、気づいたときには、かなりのサイズになっていることもあります。

＊

　心当たりがないのにディスクの使用率が増えてきたと思うときには、リスト3-8のスクリプトを実行して確認してみましょう。
　一定サイズを超える、大きなファイルが作られていないか、確認できます。

【リスト3-8】function08.sh

```bash
#!/bin/bash

# ===============================================
#サイズが大きなファイルを一覧で出力する
# ===============================================


# -----------------------------------------------
# 変数設定
# -----------------------------------------------

limit_para=100
target_dir=./work
target_file=./index.log
```

[23] ファイルサイズが大きいものを一覧で出力

```
result_file=./result.log

# ----------------------------------------------------
# 必要ファイル作成
# ----------------------------------------------------

touch $result_file

# ----------------------------------------------------
# 一覧作成
# ----------------------------------------------------

du -ab $target_dir | gawk '{print $1,$NF}' > $target_file

# ----------------------------------------------------
# 閾値を超えていないか確認
# ----------------------------------------------------

cat $target_file | while read line
do
    check_file=`echo $line | gawk '{print $1}'`
    exist_file=`echo $line | gawk '{print $NF}'`
    if [ $check_file -ge $limit_para ]&&[ -f $exist_file ]; then
        echo $exist_file >> $result_file
    fi
done

# ----------------------------------------------------
# 結果表示
# ----------------------------------------------------

cat $result_file
# ----------------------------------------------------
# 後片付け
# ----------------------------------------------------

rm $target_file
rm $result_file
```

第3章　ファイル操作

●スクリプト解説

　このスクリプトでは、ディスク容量の監視のために、「du」コマンドを使っています。

　「du」コマンドは、実際にどのくらいのディスク容量を使っているか確認するコマンドです。

＊

　ファイルサイズの閾値(しきいち)は「limit_para」で指定でき、ここでは「100MB」としています。

実行例

　次のようなファイル構成の「work」ディレクトリがあるとします。

```
$ ls -l ./work/
合計 0
-rwxrwxrwx 1 root root    0 1月  7 09:36 Sample.txt
drwxrwxrwx 2 root root    0 1月  4 18:37 Samples
-rwxrwxrwx 1 root root  141 1月  4 18:47 Samples.tar.gz
drwxrwxrwx 2 root root    0 1月  5 21:36 base
drwxrwxrwx 2 root root    0 1月  3 23:31 check
-rwxrwxrwx 1 root root   11 1月  7 09:36 exclusion-file
-rwxrwxrwx 1 root root   28 1月  4 17:01 includ_file
-rwxrwxrwx 1 root root    8 1月  3 22:33 out_file.txt
drwxrwxrwx 2 root root    0 1月  4 19:03 sync
-rwxrwxrwx 1 root root   15 1月  4 19:11 test-file
```

＊

　スクリプトを実行すると、この中から閾値(100MB)よりも大きいファイルが表示されます。

```
$ ./function08.sh
./work/Samples.tar.gz
```

86

24 未使用のディレクトリや
ファイルを見つける
不要なファイルを削除

| find | 「ファイル名」「更新時間」などの任意の条件で、ファイルを検索するためのコマンド。 |

ここまでに解説したファイル操作のスクリプトで、「ディスク容量」や「ファイルサイズ」の確認ができるようになったら、実際に不要なファイルを削除するスクリプトを使ってみましょう。

*

ファイル削除を自動で行なう場合、削除するかどうかの判断には、どのような条件が考えられるでしょうか。

判断材料としては、まず「使っているのか」が重要なポイントになります。
これは、「そのファイルがシステムやユーザからアクセスされたか」で判定しましょう。

長期間アクセスされていないファイルがあった場合には、使われていないファイルの可能性が高いので、削除対象に入れられます。

そのため、ここで解説するスクリプトでは、「最終アクセス時間」を基にして、一定時間以上アクセスがないファイルを削除するようにしています。

【リスト3-9】function09.sh

```
#!/bin/bash

# =================================================
# 使われていない古いディレクトリやファイルを見つける
# =================================================

# -------------------------------------------------
# 変数設定
# -------------------------------------------------
```

第3章　ファイル操作

```
limit_para=7
target_dir=./
target_file=./index.log


# -----------------------------------------------------
# 最終アクセス時間をベースに検索
# -----------------------------------------------------

find $target_dir -atime $limit_para -type f > $target_file

# -----------------------------------------------------
# 結果表示
# -----------------------------------------------------

cat $target_file
# -----------------------------------------------------
# 後片付け
# -----------------------------------------------------

rm $target_file
```

●スクリプト解説

　リスト3-9は、本書で紹介するスクリプトの中で、いちばんシンプルかも
しれません。

　使うコマンドは「find」コマンドだけです。

＊

　この「find」コマンドは多くの有益なオプションをもっています。

　リスト3-9では、オプションで「最終アクセス時間」をベースに検索してい
ますが、他にも「作成時間」や「更新時間」などのオプションもあります。

＊

　削除の判定を行なう閾値は、変数「limit_para」で指定しており、ここでは
「7日間」としています。

[24] 未使用のディレクトリやファイルを見つける

実行例

次のようなファイル構成の「work」ディレクトリがあったとします。

```
$ ls -l ./work/
合計 0
-rwxrwxrwx 1 root root   0 1月  7  2016 Sample.txt
drwxrwxrwx 2 root root   0 1月  4 18:37 Samples
-rwxrwxrwx 1 root root 141 1月  4 18:47 Samples.tar.gz
drwxrwxrwx 2 root root   0 1月  5 21:36 base
drwxrwxrwx 2 root root   0 1月  3 23:31 check
-rwxrwxrwx 1 root root  11 1月  7 09:36 exclusion-file
-rwxrwxrwx 1 root root  28 1月  4 17:01 includ_file
-rwxrwxrwx 1 root root   8 1月  3 22:33 out_file.txt
drwxrwxrwx 2 root root   0 1月  4 19:03 sync
-rwxrwxrwx 1 root root  15 1月  4 19:11 test-file
```

＊

スクリプトを実行すると、この中から「最終アクセス」が7日よりも前のファイルを表示します。

```
$ ./function09.sh
./work/Sample.txt
```

Web操作

インターネットでニュースをチェックしたりするとき、いつも決まった情報が欲しいならば、「シェル」を組みましょう。
繰り返し行なっていた操作を自動化できますし、欲しい情報も漏れなく得ることができます。

第4章 Web操作

25 Webサイトの画像を、すべて保存する

表示データをそのまま保存

wget	Webサーバ上にあるコンテンツをファイルに保存するコマンド。

世界中のWebサイトには、日々、さまざまな画像がアップされています。

特に、いろいろなテーマの画像を集めた、「画像まとめサイト」などは、巡回するのも一苦労です。

そのようなときに役立つのが、**リスト4-1**のスクリプトです。

*

インターネット上のWebサイトを表示するとき、私たちは「Webブラウザ」を使っています。

これは、サイトから「表示するデータ」をダウンロードして、「Webブラウザ」というアプリケーションで表示させているのです。

当然、「画像データ」も、この「表示するデータ」に含まれています。

であれば、「Webブラウザ」で表示させるのではなく、必要なデータをそのまま保存してしまおうというのが、**リスト4-1**のスクリプトの概要です。

> ※どんなサイト、どんな画像にも、必ず著作権といったものが存在します。
> 　画像は基本的に作成者に著作権があり、その権利を侵害することは法律的にも許されていません。
> 　画像の取り扱いには、充分に注意しましょう。

[25] Web サイトの画像を、すべて保存する

【リスト4-1】web01.sh

```
#!binbash

# =================================================
# 画像まとめサイトから画像をすべて保存する
# =================================================

# -------------------------------------------------
# 変数設定
# -------------------------------------------------
work_dir=./work
target_extension=jpg gif png
target_url=$1

# -------------------------------------------------
# 画像を一括取得
# -------------------------------------------------
wget -r -l5 -Ajpg -P $work_dir $target_url
```

●スクリプト解説

「表示するデータ」をそのまま保存するには、「**wget**」コマンドを使います。

　このスクリプトは、「wget」コマンドを使って、ただひたすらデータを取得するので、シンプルな構成になっています。

＊

データ取得の際には、ディスク容量に注意する必要があります。

そこで、ここではいくつかの制限をかけています。

　まず、オプション「**l**」で、「リンク先としてどこまでたどるか」を指定しています。

　加えてオプション「**A**」で、「取得するデータの拡張子」を制限しています。

第4章 Web操作

━━━━ 実行例 ━━━━

実行の際は、

```
web01.sh ［接続先URL］
```

と入力することで、「work_dir」で指定した場所に「画像データ」をダウンロードするようになっています。

画像の数によっては、処理が長い間、続くことになります。

次の実行例についても、一部内容を抜粋しています。

```
$ ./web01.sh http://complete-ranking.com/
--2017-01-07 10:37:58--  http://complete-ranking.com/
complete-ranking.com (complete-ranking.com) をDNSに問いあわせ
ています ... 113.78.113.176
complete-ranking.com (complete-ranking.com)|113.78.113.176
|:80 に接続しています ... 接続しました。
HTTP による接続要求を送信しました、応答を待っています ... 200 OK
長さ: 特定できません [text/html]
`./work/complete-ranking.com/index.html' に保存中


    [<=>                            ] 0        --.-K/s
    [ <=>                           ] 10,987   37.7KB/s
    [   <=>                         ] 19,643   39.2KB/s
    [     <=>                       ] 39,355   55.4KB/s
    [       <=>                     ] 48,096   67.0KB/s  時間 0.7s

2017-01-07 10:37:59 (67.0 KB/s) - `./work/complete-ranking
.com/index.html' へ保存終了 [48096]

robots.txtを読み込んでいます、エラーは無視してください。
--2017-01-07 10:37:59--  http://complete-ranking.com/robots.txt
complete-ranking.com:80 への接続を再利用します。
HTTP による接続要求を送信しました、応答を待っています ... 200 OK
長さ: 72 [text/plain]
`./work/complete-ranking.com/robots.txt' に保存中


  0% [                             ] 0        --.-K/s
100%[============================>] 72       --.-K/s    時間 0s
```

[25] Web サイトの画像を、すべて保存する

```
2017-01-07 10:37:59 (1.11 MB/s) - `./work/complete-rankin
g.com/robots.txt' へ保存完了 [72/72]

拒否すべきなので、./work/complete-ranking.com/index.html を削除
しました。

--2017-01-07 10:37:59--  http://complete-ranking.com/ranking/
complete-ranking.com:80 への接続を再利用します。
HTTP による接続要求を送信しました、応答を待っています... 200 OK
長さ: 特定できません [text/html]
`./work/complete-ranking.com/ranking/index.html' に保存中


    [ <=>                                   ] 0           --.-K/s
    [ <=>                                   ] 15,049      --.-K/s   時間 0.003s

2017-01-07 10:38:00 (5.18 MB/s) - `./work/complete-ranking.com/
ranking/index.html' へ保存終了 [15049]

拒否すべきなので、./work/complete-ranking.com/ranking/index.
html を削除しました。
```

︙

第4章 Web操作

26 「天気予報」を毎日同じ時間にチェック

「RSS配信」でデータを取得

wget	Webサーバ上にあるコンテンツをファイルに保存するコマンド。

Webでいろいろな情報を入手することは、私たちにとってはいまや日常的なものになっています。

そのような日常的に入手する情報のひとつに、「天気予報」があります。
この「天気予報」のデータを取得するスクリプトを作ってみましょう。

*

このスクリプトは、皆さんがよく目にする「天気予報サイト」の「**RSS配信**」を利用して、その表示データをもってくる仕組みです。

「RSS」は、いまや多くのサイトやブログで利用されている技術で、普段目にするようなグラフィカルなサイトデータではなく、情報のみを格納した「XML」と呼ばれる形式でデータを配信します。

通常は、これを「RSSリーダ」と呼ばれるアプリケーションで受信することで、最新のお知らせ情報などを取得できます。

【リスト4-2】web02.sh

```bash
#!/bin/bash

# ================================================
# 天気予報を毎日同じ時間にチェック
# ================================================


# ------------------------------------------------
# 変数設定
# ------------------------------------------------
DATE=`date | awk '{print $1,$2,$3,$4}'`
TIME=`date +%I 時%M分 `
```

[26] 「天気予報」を毎日同じ時間にチェック

```
work_dir=./work/
target=13.xml

# -------------------------------------------------
# Yahoo 天気予報RSSを取得
# -------------------------------------------------
wget -P $work_dir -q -N https://rss-weather.yahoo.co.jp
/rss/days/$target

# -------------------------------------------------
# 取得した内容を見やすく加工
# -------------------------------------------------
weather=`cat $work_dir$target | awk '{print $22}'`
high=`cat $work_dir$target | awk '{print $24}'| cut -d"/" -f1`
low=`cat $work_dir$target | awk '{print $24}'| cut -d"/" -f2`
target_local=`cat $work_dir$target | awk '{print $4}'| cut
 -d"<" -f1`

# -------------------------------------------------
# 結果表示
# -------------------------------------------------
echo "$DATE $TIME$target_local$weather$high$low"
```

●スクリプト解説

　リスト4-2では、「Yahoo! JAPAN」の「天気予報RSS」の情報を入手しています。

＊

　変数「target」で指定している「13.xml」が、「東京」のデータです。

　他の都道府県に関しては、「Yahoo! JAPAN」のRSS配信ページから確認ができるので、適宜変更してください。

＊

　このスクリプトは、「cron」に設定することで、毎日同じ時間に「天気予報」のデータを取得できます。

　また、手動で実行しても、同様に「天気予報」のデータを参照できます。

第4章 Web操作

実行例

スクリプトを実行すると、「東京都の天気」という表示の後に、「天気」「最高気温」「最低気温」の情報が表示されます。

```
$ ./web02.sh
2017年 1月 7日 土曜日 10時27分
東京都の天気
晴後曇
11℃
0℃
```

サイトの更新状況を確認

「RSS配信」を使わずに更新状況を確認

curl	「html」の形式でデータをダウンロードできるコマンド。
diff	2つのテキストファイルから、差分を抽出するコマンド。

　定期的に見る「お気に入りサイト」は、誰にでもあるのではないでしょうか。

　ただ、それらのサイトが定期的に更新されるようなところであればいいのですが、更新が不定期だった場合、つい確認を忘れていて、知らないうちに更新されていたりすることもあるでしょう。

＊

　最近のサイトだと、先に紹介した「RSS配信」などで「更新情報」を確認できるようになっていますが、ここで解説するスクリプトは、「RSS配信」が行なわれていないサイトの「更新情報」を確認するものです。

【リスト4-3】web03.sh

```bash
#!/bin/bash

# =================================================
# お気に入りサイトの更新状況を確認する
# =================================================

# -------------------------------------------------
# 変数設定
# -------------------------------------------------
work_dir=./work
target_url=$1
base_data=$work_dir/base/base
check_data=$work_dir/check/check

# -------------------------------------------------
# ベースファイル作成
# -------------------------------------------------
if [ ! -f $base_data ]; then
```

第4章　Web操作

```
    touch $base_data
    echo "one more"
fi

# ------------------------------------------------
# サイト情報取得
# ------------------------------------------------
curl $target_url > $check_data

# ------------------------------------------------
# 差分比較
# ------------------------------------------------
if diff -q $base_data $check_data >/dev/null ; then
    echo "no change"
    exit
else
    cp $check_data $base_data
    echo "change"
    exit
fi
```

●スクリプト解説

　新しく、「curl」というコマンドを利用しています。

　このコマンドを使うと、「html」形式でデータをダウンロードしてくれます。

　用途としては「wget」コマンドに似ていますが、複雑なオプションなしで単純に「httpアクセス」を試せる点で、ちょっとした確認に重宝されるコマンドです。

　なお、「curl」の読み方は、「カール」または「シーユーアールエル」です。

*

　リスト4-3では、ダウンロードしたデータを2世代ぶん保管し、内容を差分比較することで、更新の有無を判別するようにしています。

> ※ただし、「動的広告」などが置かれている場合は、うまく動作しないかもしれません。

*

　差分比較では、「diff」コマンドを使います。

　いままで何度となく出てきた「if」文と組み合わせることで、

・差分がなかった場合は「正常終了」（正）

・差分があった場合は「異常終了」（偽）

として処理されます。

100

[27] サイトの更新状況を確認

実行例

スクリプトの実行には、

```
web03.sh ［確認対象URL］
```

と入力します。

＊

差分に違いが乗じている場合は、「change」と画面に表示されます。

```
$ ./web03.sh http://complete-ranking.com/
one more
  % Total    % Received % Xferd  Average Speed   Time    Time
Time  Current
                         Dload  Upload   Total   Spent    Left   Speed

  0     0 0     0 0  0     0 0 --:--:-- --:--:-- --:--:--      0
  0     0 0     0 0  0     0 0 --:--:-- --:--:-- --:--:--      0
100 11277  0 11277  0  0  4933  0 --:--:--  0:00:02 --:--:--   4935
100 11277  0 11277  0  0  3430  0 --:--:--  0:00:03 --:--:--   3431
100 15359  0 15359  0  0  3660  0 --:--:--  0:00:04 --:--:--   3661
100 19435  0 19435  0  0  4415  0 --:--:--  0:00:04 --:--:--   4415
100 48096  0 48096  0  0  9727  0 --:--:--  0:00:04 --:--:--  10453
change
```

＊

更新されていない場合は、「no change」を表示することも確認できます。

```
$ ./web03.sh http://complete-ranking.com/
  % Total    % Received % Xferd  Average Speed   Time    Time
Time  Current
                         Dload  Upload   Total   Spent    Left   Speed

  0     0 0     0 0  0     0     0 --:--:-- --:--:-- --:--:--      0
  0     0 0     0 0  0     0     0 --:--:--  0:00:01 --:--:--      0
  0     0 0     0 0  0     0     0 --:--:--  0:00:02 --:--:--      0
  0     0 0     0 0  0     0     0 --:--:--  0:00:03 --:--:--      0
100 11025  0 11025  0  0  2698     0 --:--:--  0:00:04 --:--:--   2698
100 19217  0 19217  0  0  4088     0 --:--:--  0:00:04 --:--:--   4088
100 48096  0 48096  0  0  9218     0 --:--:--  0:00:05 --:--:--  12788
no change
```

第4章 Web操作

28 「ユーザーエージェント情報」を書き換える

「スマホ向けのサイト」にアクセス

wget	Webサーバ上にあるコンテンツをファイルに保存するコマンド。

Webサイトには、パソコンで開いたときとスマートフォンで開いたときで、それぞれ異なる画面レイアウトが用意されている場合があります。

この仕組みを実現するには、大きく2つの方法があります。

ひとつは、「画面サイズ」に合わせて、自動的に最適化したレイアウトを選択する方法。

もうひとつは、サイトにアクセスした際に通知する「**ユーザーエージェント情報**」を元に、レイアウトを切り替える方法です。

*

ここで紹介するスクリプトは、「ユーザーエージェント情報」を意図的に書き換える方法です。

この「ユーザーエージェント情報」は、普通の人はあまり意識しない部分になりますが、サイト運営者にとっては、さまざまなシーンで利用します。

使いやすいレイアウトを提供するほか、どのようなユーザーがどのような環境からアクセスしてきたかといった「分析」を行なう場合も参照されます。

また、「ユーザーエージェント情報」を読み取って、ブラウザに適切な機能を提供するケースもあります。

> ※このスクリプトは適切な範囲内で、自己責任の上で使ってください。

【リスト4-4】web04.sh

```bash
#!/bin/bash

# =================================================
# パソコンからスマホを偽装してアクセスしてデータを取得
# =================================================
```

102

[28] 「ユーザーエージェント情報」を書き換える

```
# ----------------------------------------------------
# 変数設定
# ----------------------------------------------------
work_dir=./work/
target_url=$1

if [ $2 -eq sp ]; then
    target_ua="Mozilla/5.0 (iPhone; CPU iPhone OS 10_0_1
like Mac OS X) AppleWebKit/602.1.50 (KHTML, like Gecko)
Version/10.0 Mobile/14A403 Safari/602.1"
else
    target_ua="Mozilla/5.0 (compatible; MSIE 10.0; Windows
 NT 6.1; WOW64; Trident/6.0)"
fi

# ----------------------------------------------------
# 実際にアクセス
# ----------------------------------------------------
wget -r --user-agent=$target_ua -P $work_dir $target_url
```

●スクリプト解説

「ユーザーエージェント」にはさまざまな種類があるため、これを指定する
のに、「**wget**」コマンドを採用しています。

「**wget**」は、先に解説した「**curl**」コマンドよりも細かい設定が可能です。

実行例

実行は、

[web04]change_ua.sh ［参照先URL］［sp］

となります。

第二引数で「sp」が指定された場合、ユーザーエージェントを「iPhone」から
のアクセスに書き換えます。

第二引数で何も指定しないか、「sp」以外を指定した場合は、「Internet
Explorer」(IE)からのアクセスを宣言します。

*

なお、サイトの規模によっては、処理が長い間続くことになります。

次の実行例についても、一部内容を抜粋しています。

103

第4章　Web操作

```
$ ./web04.sh http://complete-ranking.com/
./web04.sh: 13 行: [: -eq: 単項演算子が予期されます
--2017-01-07 10:58:56--  http://(compatible;/
(compatible; ((compatible;) をDNSに問いあわせています... 失敗し
ました: 名前またはサービスが不明です.
wget: ホストアドレス `(compatible;' を解決できませんでした。
--2017-01-07 10:58:56--  http://msie/
msie (msie) をDNSに問いあわせています... 失敗しました: 名前または
サービスが不明です.
wget: ホストアドレス `msie' を解決できませんでした。
--2017-01-07 10:58:57--  http://10.0;/
10.0; (10.0;) をDNSに問いあわせています... 失敗しました: 名前また
はサービスが不明です.
wget: ホストアドレス `10.0;' を解決できませんでした。
--2017-01-07 10:58:57--  http://windows/
windows (windows) をDNSに問いあわせています... 失敗しました: ホス
ト名にアドレスが割り当てられていません.
wget: ホストアドレス `windows' を解決できませんでした。
--2017-01-07 10:58:57--  http://nt/
nt (nt) をDNSに問いあわせています... 失敗しました: 名前またはサービ
スが不明です.
wget: ホストアドレス `nt' を解決できませんでした。
--2017-01-07 10:58:57--  http://6.1;/
6.1; (6.1;) をDNSに問いあわせています... 失敗しました: 名前または
サービスが不明です.
wget: ホストアドレス `6.1;' を解決できませんでした。
--2017-01-07 10:58:58--  http://wow64;/
wow64; (wow64;) をDNSに問いあわせています... 失敗しました: 名前ま
たはサービスが不明です.
wget: ホストアドレス `wow64;' を解決できませんでした。
--2017-01-07 10:58:58--  http://trident/6.0)
trident (trident) をDNSに問いあわせています... 失敗しました: 名前
またはサービスが不明です.
wget: ホストアドレス `trident' を解決できませんでした。
--2017-01-07 10:58:58--  http://complete-ranking.com/
complete-ranking.com (complete-ranking.com) をDNSに問いあわせ
ています... 113.78.113.176
complete-ranking.com (complete-ranking.com)|113.78.113.176|:80
に接続しています... 接続しました。
HTTP による接続要求を送信しました、応答を待っています... 200 OK
長さ: 特定できません [text/html]
`./W-5-Sample/complete-ranking.com/index.html' に保存中
```

[28] 「ユーザーエージェント情報」を書き換える

```
[ <=>                                    ] 0        --.-K/s
[ <=>                                    ] 6,806    17.4KB/s
[   <=>                                  ] 24,591   40.5KB/s
[    <=>                                 ] 47,278   56.8KB/s
[      <=>                               ] 48,096   57.4KB/s  時間 0.8s
```

2017-01-07 10:59:00 (57.4 KB/s) - `./W-5-Sample/complete-
ranking.com/index.html' へ保存終了 [48096]

robots.txtを読み込んでいます、エラーは無視してください。
--2017-01-07 10:59:00-- http://complete-ranking.com/robots.txt
complete-ranking.com:80 への接続を再利用します。
HTTP による接続要求を送信しました、応答を待っています... 200 OK
長さ: 72 [text/plain]
`./W-5-Sample/complete-ranking.com/robots.txt' に保存中

```
  0%[                                    ] 0        --.-K/s
100%[===============================>]   72        --.-K/s  時間 0s
```

2017-01-07 10:59:00 (670 KB/s) - `./W-5-Sample/complete-
ranking.com/robots.txt' へ保存完了 [72/72]

--2017-01-07 10:59:00-- http://complete-ranking.com/img/
favicon.ico
complete-ranking.com:80 への接続を再利用します。
HTTP による接続要求を送信しました、応答を待っています... 200 OK
長さ: 9662 (9.4K) [image/x-icon]
`./W-5-Sample/complete-ranking.com/img/favicon.ico' に保存中

```
  0%[                                    ] 0        --.-K/s
100%[===============================>] 9,66        --.-K/s  時間 0.001s
```

2017-01-07 10:59:00 (17.0 MB/s) - `./W-5-Sample/complete-
ranking.com/img/favicon.ico' へ保存完了 [9662/9662]
                          ：

画像ファイルの加工

「シェル」と特に相性がいいのが、「画像ファイル」です。これは、カメラで何十枚何百枚と撮影した画像ファイルを一括処理で名前を付けたり、属性情報を変換したりと面倒で何度も行なわなければならない操作が多いからです。
写真整理の時短に使えるレシピをぜひ使いこなしてください。

第5章 画像ファイルの加工

29 画像ファイルの「Exif情報」を削除

写真データを安全に使う

convert	ファイル変換やサムネイルの作成など、さまざまな画像加工の機能を利用できるコマンド。
-strip	Exif情報を削除する「convert」コマンドのオプション。

　画像に関するスクリプトを組む際には、「imagemagick」というパッケージを利用します。

　「imagemagick」は、「画像加工」系の作業に必要な機能を提供してくれるもので、必ずと言っていいほど登場するパッケージです。
　「sudo apt-get install imagemagick」でインストールできるので、あらかじめインストールしておきましょう。

＊

　リスト5-1のスクリプトは、画像の「**Exif情報**」を削除するものです。

　「Exif情報」というのは、あまり聞き慣れないかもしれません。
　デジカメやスマートフォンで撮影された写真データには、「撮影時間」や「撮影機材」「位置情報(緯度、経度)」など、さまざまな情報が付与されており、これらをまとめて、「Exif情報」と呼んでいます。

　たとえば、撮影された写真に記録されている「位置情報」を消去せずに、そのまま利用すると、自分の行動範囲が特定されてしまったり、思わぬトラブルの引き金になったりします。

＊

　リスト5-1のスクリプトを使うと、この「Exif情報」を削除して、写真データを「単なる画像データ」として扱えるようになります。

　また、「Exif情報」はある程度のデータ量があるため、ファイルサイズを軽

くするのにも一役買います。

　情報をひとつずつ削除することもできますが、せっかくスプリプトを組むので、一括で削除できるようにしておきましょう。

【リスト5-1】picture01.sh

```bash
#!/bin/bash

# ===============================================
# 画像ファイルにあるExif情報を削除する
# ===============================================

# -----------------------------------------------
# 変数設定
# -----------------------------------------------
work_dir=./pic
list=`find $work_dir -name *.JPG`

# -----------------------------------------------
# 環境確認
# -----------------------------------------------
convert -version

if [ ! $? -eq 0 ]; then
    echo "環境が整っていません。imagemagickをインストールしてください。"
    exit
fi

if [ ! -d $work_dir ]; then
    mkdir $work_dir
fi

# -----------------------------------------------
# picディレクトリ内の画像に含まれるexif情報を一括削除
# -----------------------------------------------
for i in $list; do
    convert ${i} -strip ${i}
done
```

第5章 画像ファイルの加工

●スクリプト解説

ここでは、「imagemagick」に同梱されているコマンドの中でも特に利用率の高い、「convert」コマンドを使います。

*

「convert」コマンドは、オプションを組み合わせることで、さまざまな機能を提供してくれます。

ここで使っているのは、「Exif情報」を削除する「-strip」というオプションです。

また、**リスト5-1**では、拡張子「JPG」のみを対象にしていますが、対象範囲を広げることも可能です。

*

「一括削除」は、「繰り返し処理」の「for」文を使って行ないます。

ディレクトリ内の画像を「ファイル名の一覧」として入力し、順番に「convert」コマンドを実行している点に注目してください。

*

また、スクリプトの先頭で、きちんと「imagemagick」がインストールされているかチェックしましょう。

$$\boxed{\text{実行例}}$$

スクリプトを実行すると、「pic」ディレクトリ内にある画像ファイルの「Exif情報」が削除されます。

このスクリプトでは、特に作業の終了についての表示などはありません。

加工された画像ファイルから、「Exif情報」が削除されているか確認してみましょう。

```
$ ./picture01.sh
Version: ImageMagick 6.7.7-10 2016-11-29 Q16 http://www.image
magick.org
Copyright: Copyright (C) 1999-2012 ImageMagick Studio LLC
Features: OpenMP
```

30 画像ファイルをまとめてリサイズ

複数の画像を、一律の倍率でリサイズ

convert	ファイル変換やサムネイルの作成など、さまざまな画像加工の機能を利用できるコマンド。
-resize	一定の倍率でリサイズする「convert」コマンドのオプション。

　ブログなどを運営する場合、「画像ファイルのリサイズ」は必ず行なう作業のひとつです。

　これをやらないと、せっかくいい記事を書いても、ページが表示されるのに時間がかかったり、そもそもブログ用に契約しているサーバの容量を圧迫したりと、さまざまな問題が発生します。

　ブログの環境によっては、手軽にリサイズできるプラグインもあったりしますが、どのような環境にも対応できるように、スクリプトでリサイズしてしまいましょう。

＊

　リスト5-2は、先に紹介した「imagemagick」パッケージを利用して、画像のリサイズを行なうスクリプトです。

　スクリプト化することで、特定のディレクトリ(ディレクトリ)配下の画像に関して、すべて一律の倍率でリサイズできます。

　特にスマートフォンで撮影した画像を一気にブログにアップする際にこのスクリプトを使えば、少しではありますが、軽いサイトを目指すことができます。

第5章　画像ファイルの加工

【リスト5-2】picture02.sh

```bash
#!/bin/bash

# ==========================================
# 画像ファイルをまとめてリサイズする
# ==========================================


# ------------------------------------------
# 変数設定
# ------------------------------------------
base_dir=./pic/base
resize_dir=./pic/resize


# ------------------------------------------
# 環境確認
# ------------------------------------------
convert -version

if [ ! $? -eq 0 ]; then
    echo "環境が整っていません。imagemagickをインストールしてください。"
    exit
fi

if [ ! -d $resize_dir ]; then
    mkdir $resize_dir
fi


# ------------------------------------------
# baseディレクトリ内の画像を一括リサイズ
# ------------------------------------------

if [ -z $1 ];
then
    echo "リサイズ倍率を指定してください"
    echo "usage Ex : "$0" 50%"
else
    echo "*** Convert File List... ***"
    ls $base_dir/ | grep -i jpg
    echo "*** Now Converting ***"
    for FILE in `ls $base_dir/ | grep -i jpg`
    do
        convert -resize $1 $base_dir/${FILE} $resize_dir/${FILE}
    done
    echo "*** Completed. Please See Direcory ¥"resize¥" "
fi
```

112

[30] 画像ファイルをまとめてリサイズ

●スクリプト解説

　このスクリプトでも、「imagemagick」の「convert」コマンドを利用しており、オプション「-resize」を使うことで、指定倍率でのリサイズが可能になります。

＊

　「if」文では、オプションとして引数がなかった場合の動作をしています。

＊

　「$0」は、実行時のコマンドを意味します。

　動作環境の確認を促すためにも使える方法なので、ぜひ覚えてください。

───────── 実行例 ─────────

　スクリプトを実行するには、

```
picture02.sh [倍率]
```

と入力します。

　倍率を指定せずにスクリプトを実行すると、「リサイズ倍率を指定してください」という表示とともに、入力例が表示されます。

```
$ ./picture02.sh
Version: ImageMagick 6.7.7-10 2016-11-29 Q16 http://www.imagema
gick.org
Copyright: Copyright (C) 1999-2012 ImageMagick Studio LLC
Features: OpenMP

リサイズ倍率を指定してください
usage Ex : ./picture02.sh 50%
```

＊

　正しく入力して実行すると、「imagemagick」のバージョンやコピーライトに関する情報が表示されたあと、リサイズを行なう画像ファイルのリストが表示されます。

　「Completed…」と表示されたら、リサイズは完了です。

第5章 画像ファイルの加工

```
$ ./picture02.sh 50%
Version: ImageMagick 6.7.7-10 2016-11-29 Q16 http://www.imagema
gick.org
Copyright: Copyright (C) 1999-2012 ImageMagick Studio LLC
Features: OpenMP

*** Convert File List... ***
Sample.JPG
*** Now Converting ***
*** Completed. Please See Direcory ¥resize¥
```

[31] 1枚の画像から、複数の画像を作る

画面の大きさに合わせた調整

convert	ファイル変換やサムネイルの作成など、さまざまな画像加工の機能を利用できるコマンド。
-geometry	縦横の長さを指定する「convert」コマンドのオプション。

　パソコン用とスマートフォン用など、同じ内容でサイズの異なる画像を用意したい場合、手動で作業するのは手間がかかります。

　「CMS」(コンテンツ・マネジメント・システム)を利用して、自動でサイズ変更して、出力する方法もあります。

　しかし、見た目を確認したいときは、やはり実サイズでの画像ファイルが必要になります。

　そこで、ここでは、1枚の画像から複数のサイズの画像を自動生成するスクリプトを紹介します。

【リスト5-3】picture03.sh

```
#!/bin/bash

# ================================================
# 1枚の画像から複数の画像を作成する
# ================================================

# --------------------------------------------------
# 変数設定
# --------------------------------------------------
base_dir=./pic/base
resize_dir=./pic/resize

# --------------------------------------------------
# 環境確認
```

第5章 画像ファイルの加工

```
# -------------------------------------------------
convert -version

if [ ! $? -eq 0 ]; then
    echo "環境が整っていません。imagemagickをインストールしてください。"
    exit
fi

if [ ! -d $resize_dir ]; then
    mkdir $resize_dir
fi

# -------------------------------------------------
# baseディレクトリ内の画像からいろんなサイズを作成
# -------------------------------------------------

# -------------------------------------------------
# iPhone 6 iPhone 6siPhone 7
# -------------------------------------------------

convert -geometry 375x667 $base_dir/$1 $resize_dir/375x667_$1

# -------------------------------------------------
# iPhone 6 iPhone 6siPhone 7 （拡大）
# -------------------------------------------------

convert -geometry 320x568 $base_dir/$1 $resize_dir/320x568_$1

# -------------------------------------------------
# iPhone 6 Plus iPhone 6s Plus iPhone 7 Plus
# -------------------------------------------------

convert -geometry 414x736 $base_dir/$1 $resize_dir/414x736_$1
```

[31] １枚の画像から、複数の画像を作る

●スクリプト解説

　ここでも「imagemagick」の「convert」コマンドを利用しており、オプション「-geometry」を使うことで、「縦横の長さ」を指定できます。

　元ファイルをそのまま維持するため、加工後の画像については「加工したサイズ」をファイル名の頭に付けて、別ディレクトリ(ディレクトリ)に保管するようにしています。

＊

　また、「起点」を指定することで、画像の「切り抜き」も可能です。

実行例

　スクリプトを実行するには、

```
picture03.sh [加工を行なう画像ファイル]
```

と入力します。

　このスクリプトでは、特に作業の終了についての表示などはありません。
　１枚の画像から、複数の加工された画像ファイルが出来上がっているか、確認してみましょう。

```
$ ./picture03.sh Sample.JPG
Version: ImageMagick 6.7.7-10 2016-11-29 Q16 http://www.ima
gemagick.org
Copyright: Copyright (C) 1999-2012 ImageMagick Studio LLC
Features: OpenMP
```

画像ファイル

117

第5章 画像ファイルの加工

32 「更新日順」に、ファイル名を付け直す

「識別子」の利用

find	「ファイル名」「更新時間」などの任意の条件で、ファイルを検索するためのコマンド。
-printf	「出力フォーマット」を変更する「find」コマンドのオプション。

　画像ファイルを整理する必要がある場合、よく利用される方法としては、次の2つがあります。

①ディレクトリ(ディレクトリ)単位で分類し、管理する。
②ファイル名に対し、一定の法則で「識別子」と呼ばれる文字を付与する。

　ここで解説するスクリプトでは、②の方法を採用します。

＊

　「識別子」として使うのは「更新日」にし、抽出する方法として「find」コマンドを使います。

　「find」コマンドは、何もオプションを使わない場合はデフォルトのフォーマットで表示されますが、フォーマットを変更すると、さまざまな情報を引き出せる、便利なツールとなります。

【リスト5-4】picture04.sh

```bash
#!/bin/bash

# ================================================
# 更新日順にファイル名を付け直す
# ================================================

# ------------------------------------------------
# 変数設定
# ------------------------------------------------
```

118

[32] 「更新日順」に、ファイル名を付け直す

```
base_dir=./pic/base
resize_dir=./pic/resize
target_file=./index.log

# ---------------------------------------------------
# ファイル名の先頭に更新日を付与していく
# ---------------------------------------------------

find $1 -maxdepth 1 -name *.JPG -type f -printf "%AY%Am%
Ad%AH%AM %p¥n" > $target_file

data=`cat $target_file`

while read list
do
    time_stamp=`echo $list | awk '{print $1}'`
    file_name=`echo $list | gawk -F/  '{print $NF}'`
    mv $1/$file_name $1/$time_stamp-$file_name
done<<END
$data
END
```

●スクリプト解説

　「find」コマンドに「-printf」オプションを使うことで、「出力フォーマット」を変更しています。

　フォーマットの指定には、「find」内部で利用されている変数が使われ、前半に「更新日時」、後半に「ファイル名」を出力させています。

＊

　また、「while」と「read」を組み合わせて、1行ずつ変数「line」に格納しています。
（この処理は、利用するシーンが多いので、ぜひ覚えておきましょう）。

＊

　「awk」で必要部分を抽出していますが、「gawk」を使っているのは「区切り文字」の指定ができるためです。

画像ファイル

第**5**章　画像ファイルの加工

╭─ 実行例 ─╮

　実行例では、「Sample.JPG」ファイルをリネームしてみます。

```
$ ls -l ./pic/base/
合計 424
-rwxrwxrwx 1 root root 433592  1月  7 12:50 Sample.JPG
```

＊

　実行は

```
picture04.sh [格納先ディレクトリ名]
```

と入力します。

　処理が問題なく終わると、「Sample.JPG」の名前に更新日が付いた状態に
なっています。

```
$ ./picture04.sh ./pic/base/

$ ls -l ./pic/base/
合計 424
-rwxrwxrwx 1 root root 433592  1月  7 12:50 201701041633-
Sample.JPG
```

120

[33] 「カラー画像」を「モノクロ」(白黒)に変換

33 「カラー画像」を「モノクロ」(白黒)に変換

写真を「モノクロ」に加工

convert	ファイル変換やサムネイルの作成など、さまざまな画像加工の機能を利用できるコマンド。
-type GrayScale	モノクロ加工をする「convert」コマンドのオプション。

　最近はスマートフォンのカメラでも高画質できれいな写真が撮れるようになりましたが、一方で、「**モノクロ写真**」も人気があります。

　「モノクロ写真」はクラシックな雰囲気を出してくれて、アート系のサイトでもよく使われる技術です。

　最近のデジカメやスマートフォンには、「モノクロ」の撮影機能が搭載されるのが、基本となっています。

＊

　しかし、すでにある手持ちのカラー写真や、同じ場面のカラー写真も欲しいという場合、カラーのものをまとめて「モノクロ加工」するのがお勧めです。

　この加工作業も、スクリプトを使うのが手っ取り早いでしょう。

【リスト5-5】picture05.sh

```
#!/bin/bash

# =====================================================
# カラー画像をまとめて白黒に変換する
# =====================================================


# -----------------------------------------------------
# 変数設定
# -----------------------------------------------------
base_dir=./pic/base
```

第5章 画像ファイルの加工

```
modify_dir=./pic/modify

# ------------------------------------------------------
# 環境確認
# ------------------------------------------------------
convert -version

if [ ! $? -eq 0 ]; then
    echo "環境が整っていません。imagemagickをインストールしてください。"
    exit
fi

if [ ! -d $modify_dir ]; then
    mkdir $modify_dir
fi

# ------------------------------------------------------
# ディレクトリ内の画像を一括で白黒にする
# ------------------------------------------------------

for FILE in `ls $base_dir/ | grep -i jpg`
do
    convert -type GrayScale $base_dir/${FILE} $modify_dir/${FILE}
done
```

●スクリプト解説

ここでも、「imagemagick」の「convert」コマンドを利用しています。

オプション「-type GrayScale」を使うことで、「モノクロ加工」ができます。

＊

また、このオプションを

-sepia-tone ［色褪せ度合］%

に変更して指定すると、「セピア加工」を施すことも可能です。

[33] 「カラー画像」を「モノクロ」(白黒)に変換

実行例

「base」ディレクトリに加工したい画像ファイルを入れておきます。

```
$ ls -l ./pic/base/
合計 4452
-rwxrwxrwx 1 root root 4555685  1月  7 15:51 Sample.JPG
```

＊

スクリプトを実行すると、モノクロ加工が始まります。

```
$ ./picture05.sh
Version: ImageMagick 6.7.7-10 2016-11-29 Q16 http://www.image
magick.org
Copyright: Copyright (C) 1999-2012 ImageMagick Studio LLC
Features: OpenMP
```

＊

加工後のファイルは、名前などは変わらないまま、「modify」ディレクトリに作られます。

色がモノクロになっているか、確認してみましょう。

```
$ ls -l ./pic/modify/
合計 4108
-rwxrwxrwx 1 root root 4202630  1月  7 15:58 Sample.JPG
```

画像ファイル

123

第5章　画像ファイルの加工

34 横長の「パノラマ写真」を分割
1枚の画像を、指定サイズで分割

convert	ファイル変換やサムネイルの作成など、さまざまな画像加工の機能を利用できるコマンド。
-crop	指定サイズで分割する「convert」コマンドのオプション。

　スマートフォンなどに搭載されている撮影機能には、前節の「モノクロ撮影」のほかにも、「**パノラマ写真**」があります。
　最近は「360度撮影」ができるカメラも出てきており、さまざまな用途に使われています。

　しかし、この「パノラマ写真」ですが、実際に印刷するのが大変だったり、サイトに画像をアップするのが大変だったりして、Webとの親和性はイマイチです。

　また、「パノラマ画像」を通常の画像ファイルと同じように扱おうとした場合、複数の画像ファイルに分割しなければなりません。
　この「分割処理」を自動で行なうのが、**リスト5-6**のスクリプトです。

【リスト5-6】picture06.sh

```bash
#!/bin/bash

# ===================================================
# 横長なパノラマ写真を分割
# ===================================================

# ---------------------------------------------------
# 変数設定
# ---------------------------------------------------
base_dir=./pic/base
modify_dir=./pic/modify
```

[34] 横長の「パノラマ写真」を分割

```
# ----------------------------------------------------
# 環境確認
# ----------------------------------------------------
convert -version

if [ ! $? -eq 0 ]; then
    echo "環境が整っていません。imagemagickをインストールしてください。"
    exit
fi

if [ ! -d $modify_dir ]; then
    mkdir $modify_dir
fi

# ----------------------------------------------------
# baseディレクトリ内の指定画像を分割
# ----------------------------------------------------

for FILE in `ls $base_dir/ | grep -i jpg`
do
    size=`identify -format "%h" $base_dir/${FILE}`
    convert -crop ${size}x${size} $base_dir/${FILE} $modify_
dir/[modified]${FILE}
done
```

●スクリプト解説

「imagemagick」に同梱されている「convert」コマンドを利用します。

オプション「-crop」を使うと、指定サイズでの分割が可能になります。

＊

また、「identify」コマンドで「%h」(高さ)の値を取得しています。

これを変数「size」に代入することで、縦横同じサイズの正方形で画像を分割します(余りに関しては別ファイルに格納されます)。

第5章　　**画像ファイルの加工**

───［ 実行例 ］───

「base」ディレクトリに加工したい画像ファイルを入れておきます。

```
$ ls -l ./pic/base/
合計 10916
-rwxrwxrwx 1 root root 11177928  1月  7 16:01 Sample.JPG
```

＊

スクリプトを実行すると、分割の加工が始まります。

```
$ ./picture06.sh
Version: ImageMagick 6.7.7-10 2016-11-29 Q16 http://www.image
magick.org
Copyright: Copyright (C) 1999-2012 ImageMagick Studio LLC
Features: OpenMP
```

＊

加工後のファイルは、名前に連番などの変更を加えた上で、「modify」ディ
レクトリに作られます。

```
$ ls -l ./pic/modify/
合計 11104
-rwxrwxrwx 1 root root 4922182  1月  7 16:02 [modified]Sample-0.JPG
-rwxrwxrwx 1 root root 4078465  1月  7 16:02 [modified]Sample-1.JPG
-rwxrwxrwx 1 root root 2364807  1月  7 16:02 [modified]Sample-2.JPG
```

126

画像ファイルのサイズを調整

指定値から、リサイズの比率を決める

convert	ファイル変換やサムネイルの作成など、さまざまな画像加工の機能を利用できるコマンド。
-resize	一定の倍率でリサイズする「convert」コマンドのオプション。

　画像ファイルのサイズは、スマートフォンやデジタルカメラの画素数向上に伴って、増大してきています。

　一方、その画像をアップロードするサーバやサービスは、「**容量制限**」が存在しているため、ユーザーとしては、容量制限に合わせて、ファイルのサイズを調整する必要があります。

　しかし、いろいろなファイルの中でも、画像ファイルの容量を減らすのは、特に大変です。

＊

　そこで、この「容量制限」から、画像ファイルのサイズを変更するスクリプトを紹介します。

【リスト5-7】picture07.sh

```bash
#!/bin/bash

# ==================================================
# 画像ファイルが100KBより小さくなるように調整
# ==================================================

# --------------------------------------------------
# 変数設定
# --------------------------------------------------
base_dir=./pic/base
modify_dir=./pic/modify

# --------------------------------------------------
```

第5章　画像ファイルの加工

```
# 環境確認
# -----------------------------------------------------
convert -version

if [ ! $? -eq 0 ]; then
    echo "環境が整っていません。imagemagickをインストールしてください。"
    exit
fi

if [ ! -d $modify_dir ]; then
    mkdir $modify_dir
fi

# -----------------------------------------------------
# 現在のファイルサイズを取得し、縮小率を算出
# -----------------------------------------------------

size=`ls -l $base_dir/$1 | awk '{print 100/int($5/102400)}'`

convert -resize $size% $base_dir/$1 $modify_dir/$1
```

●スクリプト解説

リスト5-7は一定のサイズ値 (許容閾値) をベースにして、リサイズの比率を算出します。

(他の付帯情報や画素数の問題などもあるので、許容閾値ピッタリにはリサイズはできません)。

*

なお、このリサイズ方法では「縦横」の比率を維持したままになるため、縦長になってしまったり、横長になってしまったりする心配はありません。

一方、比率を保ったままのリサイズとなるため、サイズの変動率が大きくなってしまいます。

*

ここでも、「imagemagick」の「convert」コマンドを利用します。

*

サイズは、「ls」コマンドで表示される値をもってきます。

取得するサイズの値は「byte」での表記となるため、「100KB」をbyte換算して、「102400」としています。

*

「awk」は表示過程において四則計算が可能なコマンドです。

[35] 画像ファイルのサイズを調整

中間に「int」を挟むことで、整数のみでの計算にしています。

─────────────── 実行例 ───────────────

「base」ディレクトリに加工したい画像ファイルを入れておきます。

```
$ ls -l ./pic/base/
合計 4448
-rwxrwxrwx 1 root root 4553659  1月  7 16:01 Sample.JPG
```

＊

スクリプトを実行すると、サイズ調整の加工が始まります。

実行は、

```
picture07.sh [加工を行なう画像ファイル]
```

と入力してください。

```
$ ./picture07.sh Sample.JPG
Version: ImageMagick 6.7.7-10 2016-11-29 Q16 http://www.image
magick.org
Copyright: Copyright (C) 1999-2012 ImageMagick Studio LLC
Features: OpenMP
```

＊

加工後のファイルは、名前は特に変更されずに、「modify」ディレクトリに作られます。

```
$ ls -l ./pic/modify/
合計 8
-rwxrwxrwx 1 root root 4453  1月  7 16:05 Sample.JPG
```

画像ファイル

129

第5章　画像ファイルの加工

36 「更新日」ごとに ディレクトリを作って整理

データを別の場所にコピー

if文	指定した条件を満たす場合に、特定の処理を行なわせる書式。

　ファイルの整理方法としては、ファイル名に「識別子」を付与する方法を解説しましたが、ここでは「ディレクトリ」単位で格納して、管理する方法を紹介します。

＊

　「識別子」のスクリプトとの違いは、別建てでディレクトリを作る点です。
　加えて、「識別子」のスクリプトは直接、元ファイルを移動し、名前を変更していましたが、ここでは作られた各ディレクトリにコピーして、元ファイルを残すようにしています。

　整理整頓の目的は、ファイルを分かりやすく管理することですが、元ファイルを残す(同じファイルが2つある)だけでも、管理は煩雑になります。
　しかし、「元ファイル」が無くなることに抵抗がある場合は、このようなコピーでの対応を行ない、「元ファイル」はまた後で消す処理を考えたほうがいいでしょう。

【リスト5-8】picture08.sh

```bash
#!/bin/bash

# ===============================================
# 更新日ごとにディレクトリを作って整理する
# ===============================================


# -----------------------------------------------
# 変数設定
# -----------------------------------------------
target_file=./index.log
modify_dir=./pic/modify


# -----------------------------------------------
```

[36] 「更新日」ごとにディレクトリを作って整理

```
# 必要情報を抽出し格納
# ------------------------------------------------

find $1 -maxdepth 1 -name *.JPG -type f -printf "%AY%Am%Ad
%AH%AM %p¥n" > $target_file

data=`cat $target_file`

while read list
do
    time_stamp=`echo $list | awk '{print $1}'`
    file_name=`echo $list | gawk -F/  '{print $NF}'`
    if [ ! -d $modify_dir/$time_stamp ]; then
        mkdir $modify_dir/$time_stamp
    fi
    cp $1/$file_name $modify_dir/$time_stamp/$file_name
done<<END
$data
END
```

●スクリプト解説

　いままでのスクリプトでもたびたび出ていた、「if文」でのディレクトリ(ディレクトリ)の存在確認が、「while」の中にあります。

　こういった使い方でスクリプトの動作環境を動的に変化させていくことにも、「if文」は利用されます。

＊

　実行は、

```
picture08.sh [対象ディレクトリ]
```

となり、今回はJPGファイルのみを対象としています。

　他のファイルも対象にする場合は、「find」コマンド内の「name」指定を変更してください。

画像ファイル

131

第5章 画像ファイルの加工

┤実行例├

「base」ディレクトリに、整理したい画像ファイルを入れておきます。

整理したものは「modify」ディレクトリに収まりますが、現時点では何も入っていません。

```
$ ls -l ./pic/base/
合計 424
-rwxrwxrwx 1 root root 433592  1月  7 12:31 Sample.JPG

$ ls -l ./pic/modify/
合計 0
```

＊

スクリプトを実行すると、ファイルの整理が始まります。

実行後、「modify」ディレクトリを確認すると、「更新日」を名前にしたディレクトリが出来ており、そこに該当のファイルが入っているのが確認できます。

```
$ ./picture08.sh ./pic/base/

$ ls -l ./pic/modify/
合計 0
drwxrwxrwx 2 root root 0  1月  7 13:17 201701071308

$ ls -l ./pic/modify/201701071308/
合計 424
-rwxrwxrwx 1 root root 433592  1月  7 13:17 Sample.JPG
```

その他

本書の最後に紹介するのは、かゆいところに手が届くような「シェル」です。
ランダムに番号を決めるシェルや、暴走しているプログラムを見つけるシェルなどを紹介しているので、活用してみましょう。

第6章　その他

37 番号を自動で予想

「乱数」を使って、適当な値を得る

| shuf | 数の「範囲」と「個数」を指定して、ランダムに抜き出すコマンド。 |

　IT開発者の新人研修などでよく課題として出されるのが、ランダムで数字を出力するスクリプトの作成です。

　「サイコロ」や「くじ引き」の結果が毎回変わるように、ランダムな変数を組み込んで作ります。

　このようなランダムな要素は、「乱数」と呼ばれており、本書で扱っている「bash」のコマンドには、「乱数」を実現する方法が複数存在しています。

                              ＊

　「乱数」は、実際に利用する機会は、そう多くはありません。

　なぜならシステム的にはじき出される値には、ある一定の意味をもたせた方が扱いやすいからです。

　一方、身近な生活の中では、「乱数」を求められる機会が多くあります。

　そこで、例として、宝くじ「ロト6」の数字を予想するスクリプトを作ってみます。

【リスト6-1】other01.sh

```bash
#!/bin/bash

# ================================================
# ロト6の番号を自動で予想する
# ================================================


# ------------------------------------------------
# 変数設定
# ------------------------------------------------
min_num=1
max_num=43
limit_num=6
```

[37] 番号を自動で予想

```
# -------------------------------------------------
# 最小値（min_num）から最大値（max_num）まで
# 指定個数（limit_num）を取り出す
# -------------------------------------------------
shuf -i$min_num-$max_num -n $limit_num | sort -n
```

●スクリプト解説

「ロト6」を知らない人のためにルールを解説すると、「1」～「43」の数字の中から、重複なく6個の数字を予想するというものです。

これを実現する条件としては、以下の3つが必要になります。

---

①「1」～「43」の数字を利用。
②数字を「6個」選択。
③数字は重複しない。

リスト6-1では、「shuf」コマンドを使って、指定した値の中から指定した個数の数字を、重複なくランダムで抜き出すように操作しています。

また、設定した変数は「min_num」が「数値範囲の始点」、「max_num」が「数値範囲の終点」、「limit_num」が「抜き出す個数」となるので、「shuf」コマンドの中をよく確認してみてください。

実行例

スクリプトを実行すると、「1」～「43」の範囲で、6つの数字がランダムに抜き出されて表示されます。

また、抜き出された数字は、「sort」コマンドを使うことで、小さな順で並び変えています。

```
$ ./other01.sh
3
16
19
36
40
43
```

その他

第6章　その他

38 10人の中からリーダーを1人選ぶ
値を1つだけ抜き出す

shuf	数の「範囲」と「個数」を指定して、ランダムに抜き出すコマンド。
$RANDOM	「0」～「32767」の値から、ランダムに1つの数値を返す変数。

　前節で取り上げた「shuf」コマンドは、一定範囲からランダムに「複数の値」を抜き出すのに最適なコマンドです。

　では抜き出す値が「1つだけ」の場合は、どうすればいいでしょうか。

　「shuf」コマンドを使って、抜き出す数値の数を「1」としても実現できますが、「bash」にもともと用意されている「$RANDOM」という変数を使うと、より効率良くスクリプトを実装できます。

　「$RANDOM」は、参照すると「0」～「32767」の値から、ランダムに1つの数値を返す変数です。

＊

　「$RANDOM」の使い勝手を確認するために、10人の中からリーダーを1人だけ選ぶスクリプトを作ります。

【リスト6-2】other02.sh

```
#!/bin/bash

# ================================================
# 10人の中からリーダーを一人選ぶ
# ================================================

# ------------------------------------------------
# 変数設定
# ------------------------------------------------
```

[38]　10人の中からリーダーを1人選ぶ

```
min_num=1
max_num=10

# ------------------------------------------------
# 抽選実施
# ------------------------------------------------
echo `expr $RANDOM % $max_num + $min_num`
```

●スクリプト解説

　変数を呼び出して計算するだけの単純なスクリプトですが、除算の「あまり」を使った式があるので、少し難しく見えるかもしれません。

　まず、「expr」コマンドは、整数計算を行なうコマンドです。

　また、「%」は、「A％B」と記述されていたら、「AとBを割った余り」を算出するための式になります。

　たとえば、「10％3」となっていたら、「10÷3＝3 あまり1」の「1」が結果として出力されます。

　ここでは、10人の中から選ぶので、「$RANDOMを10で割ったあまり」を求めています。

　つまり、「あまり」として出力されるのは、「0」〜「9」の10通りになるので、あらかじめそれぞれの人に番号を付けておき、出力された「あまり」と対応させておけば、ランダムにリーダーを選ぶことができるという仕組みになっています。

　ちなみに、人に番号をつけるときは「0」〜「9」よりも、「1」〜「10」のほうが分かりやすいので、「min_num」に入力した「1」を加えています。

その他

第6章 その他

実行例

実行例では、3回連続で実行を行なっています。
3回とも別の数値が表示され、ランダムに抜き出しているのが分かります。

```
$ ./other02.sh
2

$ ./other02.sh
9

$ ./other02.sh
6
```

39 暴走しているプログラムがあるか調べる
「CPU」「メモリ」の利用状況を監視

top 一定間隔で「CPU」や「メモリ」の使用率を表示するコマンド。

パソコンを長時間動かしていると、予期しない動作を延々と繰り返しているプログラムに出会うことがあります。

たいていの場合、「なんかPCの動作が重いな…」ということを発端に、重いプログラムを探したり、システムのプロセスで「CPU使用率」が高いまま維持しているプロセスを探すことになります。

特に、「CPU使用率」が高いまま稼働し続けているプロセスは、「**暴走プロセス**」と呼ばれています。

＊

リスト6-3は、そのような「暴走プロセス」を見つけるスクリプトです。

スクリプトを組むとき以外、たとえばパソコンの状態をちょっと確認したいときに使うコマンドもあるので、コマンドプロンプト上で、単体で動かしてみるのもいいでしょう。

【リスト6-3】other03.sh

```
#!/bin/bash

# ===================================================
# 暴走しているプログラムがあるかどうか調べる
# ===================================================

# ---------------------------------------------------
# 変数設定
# ---------------------------------------------------
top_file=top.log
check_file=./check.log
result_file=./result.log
limit_para=80

# ---------------------------------------------------
```

第6章 その他

```
# 環境整備
# ---------------------------------------------------
if [ ! -f ./$result_file ]; then
    touch $result_file
fi


# ---------------------------------------------------
# top コマンドで状況取得
# ---------------------------------------------------
top -b -d 10 -n 1 -c > $top_file
cat $top_file | head -12 | tail -5 > $check_file

data=`cat $check_file`

while read list
do
    cpu=`echo $list | awk '{print $9}' | gawk -F. '{print $1}'`
    pid=`echo $list | awk '{print $1}'`
    check=`cat $result_file | grep $pid | wc -l`
    if [ $cpu -gt $limit_para ]; then
        if [ 0 -eq $check ]; then
            echo $pid > $result_file
        else
            echo "プロセスが暴走してるかもよ"
        fi
    else
        if [ 0 -ne $check ]; then
            rpid=`grep -n $pid ./top.log | awk '{print $1}'
|sed -e 's/:/d/g'`
            sed -e $rpid $result_file
        fi
    fi
done<<END
$data
END
```

●スクリプト解説

「top」コマンドは、マシンの動作を確認するときに使うコマンドです。

トラブルシューティングを行なう際は、まず「top」コマンドで状態を確認してから…という人も多いです。

*

「top」コマンドを使うと、一定間隔で「CPU」や「メモリ」の使用率を表示し

てくれます。

　単体で使うこともできますが、ここではスクリプトで利用することを前提としたので、「バッチ・モード」という機能を使って外部ファイルに出力するようにしています。

　なお、一度実行しただけでは、暴走しているプロセスかどうか判断するのは難しいので、「cron」で一定時間ごとに実行するといいでしょう。

　「暴走プロセス」を見つけるために、「limit_para」に「80」を代入しています。この値は、「CPU使用率80%」を表わすのに使っています。

──────────［実行例］──────────

スクリプトを実行すると、正常であれば何も表示されません。
しかし、プロセスが暴走している場合は、警告文を表示してくれます。

```
$ ./other03.sh
プロセスが暴走してるかもよ
```

＊

また、「top」コマンドを実行してみたのが、次の結果です。
CPUの使用率が表示されています。

```
$ top
top - 10:21:23 up 48 min,  0 users,  load average: 0.52, 0.58, 0.59
Tasks:   6 total,   1 running,   5 sleeping,   0 stopped,   0 zombie
%Cpu(s): 90.0 us,5.0 sy,0.0 ni,5.0 id, 0.0 wa, 0.0 hi, 0.0 si, 0.0 st
KiB Mem:  8291400 total, 3051508 used, 5239892 free,   34032 buffers
KiB Swap: 1310720 total,    6108 used, 1304612 free.  188576 cached Mem

  PID USER      PR  NI    VIRT    RES    SHR S %CPU %MEM    TIME+   COMMAND
  700 jigzacc   20   0       0      0      0 S  90.0  0.0   1:00.01 hogehoge
  729 jigzacc   20   0       0      0      0 R   0.7  0.0   0:00.03 top
    1 root      20   0       0      0      0 S   0.0  0.0   0:00.00 init
    2 jigzacc   20   0       0      0      0 S   0.0  0.0   0:05.49 bash
  593 jigzacc   20   0       0      0      0 S   0.0  0.0   0:00.01 script
  594 jigzacc   20   0       0      0      0 S   0.0  0.0   0:00.09 bash
```

索　引

50音順

《あ行》

あ 値をランダムに抜き出す ……………………… 136
　 圧縮 ……………………………………………… 75

《か行》

か カーネル ………………………………………… 8
　 開発者モード ……………………………………… 12
　 外部入力 ………………………………………… 27
　 外部ファイル ……………………… 26,57,78
　 画像加工 ……………………………………… 108
　 画像の保存 ……………………………………… 92
　 カレント・ディレクトリ ……………………… 59
　 環境変数 ………………………………………… 59
く 繰り返し処理 ………………………………… 22,25
け 警告文 …………………………………………… 78
　 検索機能 ……………………………………… 30,33
こ 公開鍵認証 ……………………………………… 43
　 更新情報 ………………………………………… 99
　 コマンド ………………………………………… 8

《さ行》

さ サンプル・スクリプト ………………………… 14
し シェル …………………………………………… 8
　 シェル・スクリプト ……………………………… 8
　 シェルの種類 ……………………………………… 9
　 識別子 ………………………………………… 118
　 重複の排除 ……………………………………… 35
　 出力フォーマット …………………………… 119
せ 正規表現 ………………………………………… 72
　 整数計算 ………………………………………… 23
　 全角数字 ………………………………………… 62

《た行》

た 対語モード ……………………………………… 8
ち チルダ …………………………………………… 35
て ディスク容量の監視 …………………………… 81
　 ディレクトリ管理 …………………………… 130
と 同期 …………………………………………… 45,67
　 同期先 …………………………………………… 46
　 同期元 …………………………………………… 46
　 動作 ……………………………………………… 50
　 動作条件 ………………………………………… 18

《は行》

は パイプ …………………………………………… 35
　 バックアップ …………………………………… 65
　 バッシュ ………………………………………… 9
　 バッチ・モード ………………………………… 8
　 パノラマ写真 ………………………………… 124
ひ 引数 ……………………………………………… 34
ふ フィールド ……………………………………… 48
へ ベース・スクリプト …………………………… 27
　 変数 …………………………………………… 33,56
ほ 暴走プロセス ………………………………… 139
　 ボーン・シェル ………………………………… 9

《ま行》

め メモリの利用率 ……………………………… 139
も 文字コード ……………………………………… 62
　 文字化け ………………………………………… 62
　 モノクロ写真 ………………………………… 121

《や行》

ゆ ユーザーエージェント情報 ………………… 102
よ 容量制限 ……………………………………… 127

《ら行》

ら 乱数 …………………………………………… 134
り リサイズ …………………………………… 111,115

アルファベット順

《A》

awk …………………………………… 48,69,72

《B》

bash ……………………………………………… 9
bashのインストール …………………………… 13
Bourne shell …………………………………… 9

《C》

Cシェル ………………………………………… 9
case文 ………………………………………… 53
cat ………………………………………… 28,51
convert ………… 108,111,115,121,124,127
CPUの利用率 ………………………………… 139

142

索引

cron	65
csh	9
curl	99

《D》
df	81
diff	99
du	84

《E》
echo	22,54
elif	20
Exif情報	108
expr	23,137

《F》
find	30,62,75,87,118

《G》
grep	33,62

《I》
identify	125
if文	18,130
imagemagic	108

《L》
ls	40

《O》
OS	8

《P》
printenv	59
PWD	59

《R》
read	53
rm	21
RSS配信	96
rsync	45,65

《S》
scp	42
sed	81
shuf	134
sort	35
source	57

《T》
tail	82
tar	75
target_base	46
target_sync	46
tcsh	9
top	139

《U》
uniq	35
until文	25

《W》
wget	92,96,102
while文	22,54
Windows10	10

《X》
xargs	50
XML	96

《Z》
zsh	9

記号
-crop	124
--delete	45
--dry one	45
-F	48
-n	54
-geometry	115
-printf	118
-resize	111,127
-strip	108
-type GrayScale	121
$RANDOM	136
.	57
/*	46
|	35

■著者プロフィール

東京シェル研究会

IT分野での開発や、プロジェクトマネジメントの経験が豊富
なメンバーによって構成されている研究チーム。
技術的観点よりも、いかに実務、実生活の中でITを活用する
かを主眼に置いて、開発などの活動を行なっている。

本書の内容に関するご質問は、

① 返信用の切手を同封した手紙
② 往復はがき
③ FAX (03) 5269-6031
　（返信先の FAX 番号を明記してください）
④ E-mail　editors@kohgakusha.co.jp

のいずれかで、工学社編集部あてにお願いします。
なお、電話によるお問い合わせはご遠慮ください。

サポートページは下記にあります。

［工学社サイト］
http://www.kohgakusha.co.jp/

I/O BOOKS

シェルスクリプト「レシピ」ブック

平成 29 年 3 月 15 日　初版発行　ⓒ 2017	著　者　東京シェル研究会
	編　集　I/O 編集部
	発行人　星　正明
	発行所　株式会社 **工学社**
	〒160-0004 東京都新宿区四谷 4-28-20 2F
	電話　　(03) 5269-2041 (代)［営業］
	(03) 5269-6041 (代)［編集］
※定価はカバーに表示してあります。	振替口座　00150-6-22510

印刷：図書印刷（株）　　　　　　　　　　　　　　　　　ISBN978-4-7775-1994-1